ERCJ選書

気概

万人のために万人に抗す

小田中聰樹 著
●インタビュアー 川崎英明・白取祐司・豊崎七絵

日本評論社

人権と民主主義の刑事法学——小田中聰樹先生に聞く

話し手：小田中聰樹
聞き手：川崎英明・白取祐司・豊崎七絵・串崎　浩

小田中聰樹先生は二〇一五年七月二〇日に傘寿を迎えられた。先生の研究領域は刑事訴訟法、刑法や少年法、司法制度論、さらには憲法等の広範な領域に及んでいるが、先生がその膨大な著作を通して中心的に追求されてきたのは人権と民主主義の確たる思想の上に憲法的思考を貫く骨太の刑事法学であった（先生の膨大な著作目録は、広渡清吾・大出良知・川崎英明・福島至編『小田中聰樹先生古稀記念論文集　民主主義法学・刑事法学の展望——刑法・民主主義と法〔下巻〕』〔日本評論社、二〇〇五年〕五五六頁以下に収録されている）。先生が傘寿を迎えられた機会に、小田中刑事法学の軌跡を、先生の人格を育んだ生い立ちを含むパーソナル・ヒストリーとして、先生ご自身に縦横に、また率直に語っていただき、これを記録化して残しておこうというのが、本書を企画した趣旨である。

戦後刑事訴訟法学の展開過程に世代論的に位置付けてみれば、小田中先生は、今日の刑事訴訟法学を決定的に方向づけた平野龍一博士の当事者主義論を継承し発展させる理論課題を担った研究者世代に属する。その中で、小田中刑事法学は、田宮裕博士のデュー・プロセス論や松尾浩也博士の精密司法論に相対して、刑事訴訟法の歴史的分析の上に刑事弁護担い手論に立脚して無罪判決請求権を基軸とした刑事訴訟法理論を構築しようとしたと言えるであろう。本書のインタビューで先生ご自身が率直に語っているように、小田中刑事法学は体系書の形で提示されるには至らなかったが、本書のインタビューを通して、先生が目指そうとした刑事法学の姿がより明瞭に把握できるように思われる。のみならず、先生の研究活動は、書斎・研究室をとび出て、平和と民主主義、そして人権を守り発展させようとする社会諸運動とも積極的に関わることで、研究者が果たすべき社会的責任のありようを示している。冤罪救済運動への取組み、司法反動に対する批判、研究者声明運動への取組みなどがそれである。そうした社会運動にも取り組む研究者の姿勢のありようについても語っていただいている。

戦後日本の平和主義と立憲主義、それを支えた日本国憲法が危機にさらされようとしている現在の時点であればこそ、また、刑事法の分野に即していえば、一九九九年の盗聴法（通信傍受法）から「新時代の刑事司法制度」を標榜する二〇一六年の刑事訴訟法改正に至る一連の刑事訴訟法改正によって昭和刑事訴訟法（一九四八年公布の現行刑事訴訟法）が大きく変貌を遂げようとしている現在の時点であればこそ、憲法的思考を貫く人権と民主主義の小田中刑事法学の軌跡を知り、学ぶことは、刑事法研究者にとっては自らの研究のこれからの道筋を見定める上で、また実務家法曹にとっては法的実践のこれからの在り方を見定める上で、確かな視点と展望を与えてくれるはずである。このことは、これから刑事法学を学ぼうとする学生にとって、そしてまた、これからの日本社会を支える市民にもあてはまるであろう。本書がＥＲＣＪ選書として刊行される理由はここにある。

小田中先生へのインタビューは二〇一五年五月三〇日・三一日、そして同年八月二九日・三〇日の四回にわたって、仙台市の小田中先生宅で行われた。インタビュアーは川崎英明（関西学院大学教授）、白取祐司（神奈川大学教授）、豊崎七絵（九州大学教授）、串崎浩（日本評論社社長）の四名であるが、いずれも先生と濃密な交流がある。川崎は、一九九四年から九九年まで東北大学法学部で先生の同僚として親しく薫陶を受けた。白取は、日本刑法学会のほか再審制度研究会や刑法理論研究会で先生と親しく交流した。豊崎は、一九九四年から二〇〇二年まで大学院生あるいは助手として先生の指導を受けた。串崎は法律時報編集長などとして先生の研究活動にかかわってきた。

インタビューは本書に掲載している（小田中先生のご長女・多賀野千鶴氏が作成した）「年譜」に沿う形で行われた。以下のインタビューでは、聞き手を特定したほうがよいと思われる部分については、聞き手の姓を記載した。

川崎英明

気概――万人のために万人に抗す［目次］

第二部　研究者として、大学人として

第3章　専修大学時代　149

エピローグ　仙台で、今

■第一部■

生立ちから研究者となるまで

小田中聰樹先生のバックボーン

小田中先生の生い立ちからみえてくるのは、先生が良き師に恵まれ、その師に導かれながら先生の人格、才能が形成されてきたこと、そして戦争という時代背景が先生の基本的な思想ないし社会的意識の形成において、重要な役割を果たしたということである。

まず、師として真っ先に挙げるべきは、先生のご両親である。

小田中先生ご自身、これまでを振り返られて、良い教師に恵まれてきたが「一番の教師は両親だった」と述懐しておられる。先生の父上は福島高商（福島高等商業学校、現在の福島大学）を卒業後、代用教員を経て農業会（現在の農協）に勤務され、母上は岩手県女子師範学校を卒業後五年間小学校の教師をされていた。ご両親はご家庭で、戦時中から『改造』や『中央公論』を読み、戦後は『世界』も読まれていたという。そのような知的環境の中で、先生は、ご自身の知性と思想を育まれていった。父上は、大変な読書家で、非常に聡明であっただけでなく、真っ直ぐ筋道を通す芯のある方だったようだ。父上は、思想的にはマルキシズムに興味を持って勉強するほか、敗戦後すぐに『アカハタ』（後の『赤旗』）を読み始め、小学校四年生だった先生も一緒に読んだという。

小学校時代の三船千代先生、小・中学校時代の君成田七三先生は、小田中先生の才能を引き出し、伸ばしてくれた大切な恩師だったという。戦中・戦後という激動期に、おふたりの先生の存在は、先生の人間形成にとって重要な役割を果たされたに違いない。その一端は、当時作られた文集『三船学級』からうかがい知ることができる。

盛岡第一高等学校時代からは、小田中先生の「社会的意識」は、さらに育っていく。高校で入部した社会科学研究部では、部内誌『社会科学論叢』に世界史の教科書を批判的に検討した論文を発表するなど、後の先生を彷彿とさせる活躍が開始される。高校時代の終わり頃に、同学年の生徒たちによって作られた同期会会報誌『久し振り』に、先生は「ものの見方を身につけること」と題した論文を寄せている。この頃すでに、知的に早熟だった先生の「ものの見方」は、完成の域に達していたようである。

東京大学経済学部に入学後は、「戦争と経済」について学ばれ、卒業論文として、戦争中の米問題をテーマに論文を書いておられる。最初に経済学を学ばれたのも、戦争の問題の基底に経済過程の問題があるとの基本的な視座からであり、この時築かれた社会科学者としての土台があったからこそ、後になって、刑事訴訟法の歴史分析、イデオロギー分析、憲法的刑事訴訟法など余人の及ばない重厚な作品群を生み出したのではないか。

ところで、小田中先生はたんなる知的エリートではなく、たえず権力（その濫用）に対して厳しい姿勢を貫かれてきたが、その背景には先生の戦時体験がある。一九四三年、父上に対する治安維持法違反の嫌疑で、特高（特別高等警察）が自宅を訪れ捜索したという事件がそれである。国民学校三年生であった先生は、国家権力の怖さを身をもって体験する。その時の嫌疑は、父上が山形の雪害調査研究所事件に関わったというもので、治安維持法違反というのは根拠のないでっち上げだったという。

小田中先生の権力に向ける厳しい視線は、このような「戦争体験」も与って形成されてきたものに違いない。そしてそれは、司法試験合格後、司法修習生（第一八期）になっても変わることはなかった。青年法律家協会の同期修習生で編まれた雑誌『うねり』に収められた座談会の中で、先生は、権力に身を売った者の責任について発言されている。この言葉どおり、後に「司法反動」の嵐が吹き荒れる中で先生は周知のとおり、司法の独立のために活躍されるのだが、その原点は修習生時代、否、特高の横暴を目の当たりにした小学生時代にあったように思われるのである。

白取祐司

第1章　生立ち

1　父母のこと

――まず、ご家族のことを含めておうかがいしたいのですが、戦争の時代は先生が国民学校在学の時期と重なるのですか。

小田中　そうです。国民学校のときです。

――先生は一九三五年七月二〇日、岩手県のお生まれでしたね。

小田中　盛岡です。盛岡中学校（現在の盛岡第一高等学校）という学校があって、そこの真ん前に長屋が二軒か三軒あったと思います。そこで生まれました。上田というところです。おやじとおふくろが二六歳ぐらいの時の子供です。

――その当時、お父さまは農林省にお勤めだったのですか。

小田中　いえ、父は当時の農業会、今でいう農協に勤めていました。

――先生が書かれた随筆などを見ていますと、ずいぶんお父さまの影響を受けておられるのではないかと想像していました。

小田中　そうです。

——お父さまは経済学部のご出身ですか。

小田中　当時の盛岡中学校を終わって、それから福島高商に進みました。

——今の福島大学ですね。

小田中　そこを卒業して、当時は不況でしたから就職口がなくて、父は田舎の代用教員をやりました。その時は盛岡から四キロぐらい離れた母の実家の水分村という田園地帯の小学校で代用教員をやって、そこで母と知り合った。一年間だけそこの代用教員をやって、そのあといろんないきさつがあって、農業会に勤めたということになります。

——当時の福島高商はマルクス主義経済学が主流だったのでしょうか。

小田中　そうです。まあ当時はどこの学校もそうです。弘前高等学校もそうでしたし、何ていうのでしょうか、いろいろなところに社会科学研究会（社科研）というのがあって、父もそういう関係でマルキシズムに興味を持って、ずいぶん勉強したようです。

話はちょっと後のことになりますが、福島高商に松山貞夫先生という経済学の教授がおられて、戦後、徴兵されていた戦地から帰ってきて法務図書館に勤務されておられたのです。先生は、私が「大正刑事訴訟法の歴史的意義——その制定過程を中心として（一）～（四）」（東京都立大学法学会雑誌七巻二号～九巻一号、一九六七～六八年）を書く準備を法務図書館でしていた時、偶然そこの館長でした。先生は小田中の息子だとかそういう関係は全然ご存知なくて、でも非常にリベラルに扱って下さったのです。

それで私に自由に法務図書館に出入りして書庫に入るのを許して下さり、その後、大正刑事訴訟法制定過程に関する資料の原本が法務図書館にあることが分かったのです。そして中にあった大正刑訴法の立法資料などを全部貸して下さったのです。父が習った松山というマルキストが、研究者として私を見て下さいました。松山先生のことは、父の福島高商の同級生の松島眞蔵先生に教えられました。松山先生は、先ほど述べたようないきさつで私に資料を貸し出して下さいました。それがなければあの論文は、書けませんでした。

――その松山先生は、お父さまの福島高商時代の先生だったのですか。

小田中　そうです。その貸し出してもらった資料を、私は平野先生に頼んで、コピーしてもらって、それを東京都立大学（現首都大学東京）と東京大学と二ヵ所に収めたのです。

――そうしますと、先生が大正刑訴法の研究に使われた資料は、東大と東京都立大学の双方に保管されているわけですね。

小田中　その二ヵ所にあります。

――話は戻りますが、お父さまは農業会に勤めておられて、お母さまは専業主婦だったのでしょうか。

小田中　母は岩手県女子師範学校を出ています。今でいえば教育学部ですが、そこを卒業して、小学校の教師を五年ぐらいやっていたと思います。父と結婚して、それで家庭に入ったのです。

――先生のご家庭は、当時としてはインテリだったのですね。

小田中　そうだと思います。父も非常に本を読む人で、自分の親のことを言うのも何ですが、頭がよい人でした。記憶力がよくて。何といいますか、こうと決めたら絶対に物事を動かさない人でした。母

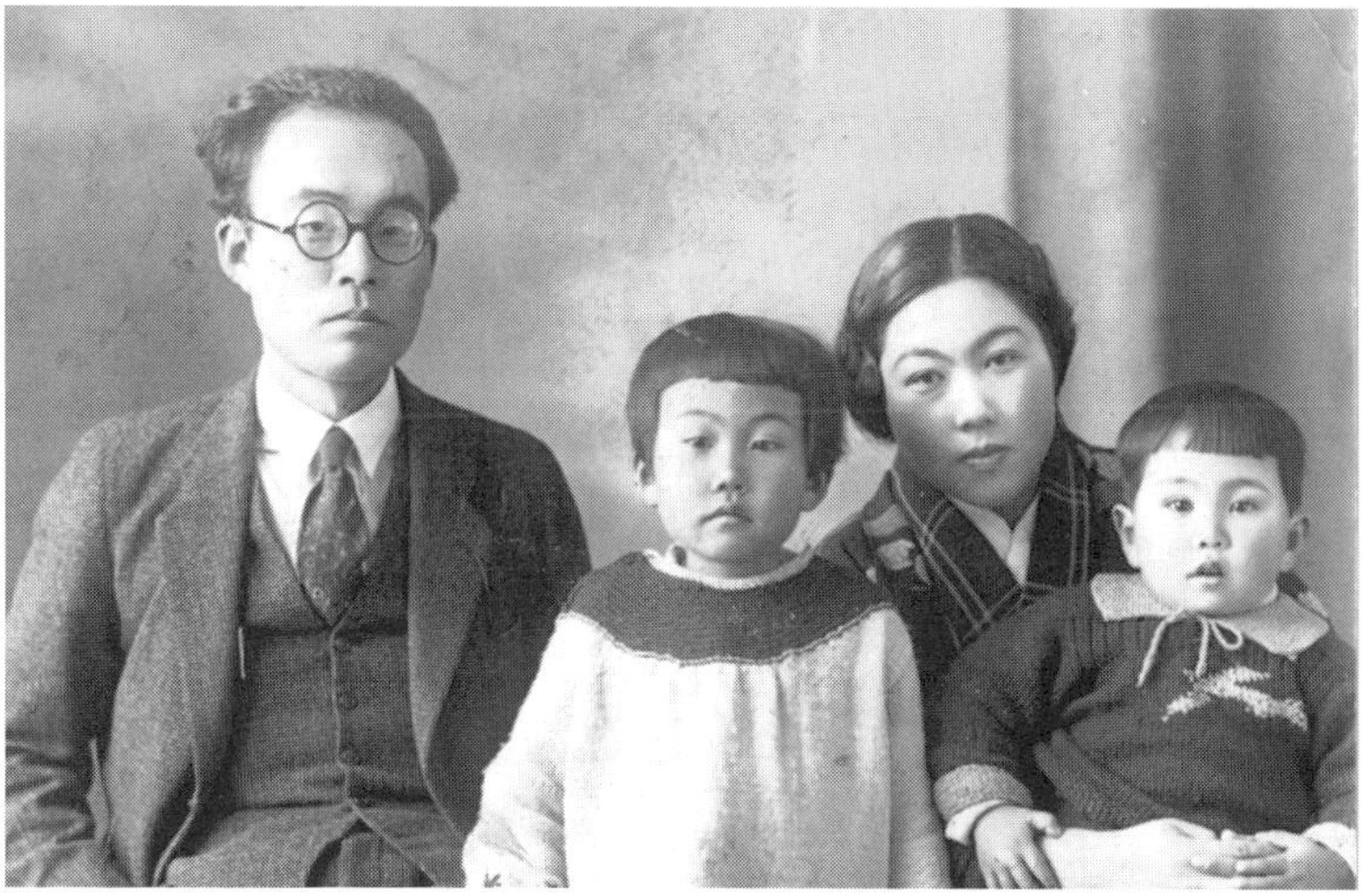

家族写真（1938年12月25日）

は水分村という農村の中でもどちらかというと裕福な家の出で、母もお姉さん（艶さん）も岩手県女子師範学校を出て、母はお姉さんの影響で若い時から『中央公論』とか、ああいうものを読んだ人でした。ですから、母も父に負けず劣らず……。

ただ、頭のよさのタイプは全然違っていた。父の場合、息子から見るとわりに一直線。「村の神童」と言われた。当時、飛び級というのがあって、父は小学校四年生から六年生になった。当時はそういうことができたのですね。ところがそれが駄目だということになって、六年生を二回やった。そのくらい村では神童だったようです。

―― 先生はご著書の「まえがき」でお父さまやお母さまのことをお書きになっていますが、それを読んでいて、先生はご両親から影響を強く受けておられるのではないかと思っていました。

小田中　そうですね。私は多くの良い教師に恵まれたと思います。しかし、私にとっての一番の教師は父であり母でした。知識という面ではなくて、ものの考え方の筋道を大切にするという意味で、私は父と母から優れた教育を受けたと思いますね。

——先生がお生まれになったのは一九三五年で、一九四五年に戦争は終わります。そうしますと、先生が物心ついた頃、周りは戦争の雰囲気一色だったわけですね。

小田中　ええ、そうですね。

——お父さまが戦争の行く末をかなり正確に見抜いていたということを、先生はどこかで書いておられました。

小田中　そうですね。父は私が小学校（国民学校）三年の時に中国大陸へ出征したのです。三五歳でした。誕生日に召集されたのです。まあ老兵に近いですよね。なぜ徴兵されたかというと、やはり思想が悪いからということがあったようです。それで中国の、中共（中国共産党）が一番強かった北支の延安に派遣された。しかし、父はもともと肺が弱くて、本当は行く時から肺が悪かったのですが、行った先にたまたま盛岡の医科専門学校の卒業生が軍医でおられて、その方に肺病と診断されてすぐに病院に入った。それからずっと病院に入っていて、一九四五年四月に帰還したのです。それでまた農業会に勤めるのですが。

——終戦の四ヵ月前ですよね。

小田中　そうです。

——三五歳での徴兵というのは、かなり年齢が高いですよね。

小田中　高いです。その年ではまず少ないですね。けれど、先ほども言いましたように、狙い撃ちされたと思います。

――先生のご自宅が特高の捜索を受けたことがあったとか……。

小田中　ええ、そうです。

――それはお父さまの勤務先との関係ですか。

小田中　そうです。父は戦争に行くわけですが、当時、山形の雪害調査研究所に小池保さんという方がおられて、その上司が石田威さんという方で、その石田さんが盛岡の農業会に勤めておられて、出征前の父の上司だったのですね。その関係で小池、石田、小田中という、このラインに特高が目を付けて、それでうちに来たのです。もし父が出征していなければ、おそらく検挙されたでしょう。しかし、幸いというか、検挙されなかった。そのかわり捜索を受けたのです。（注：いわゆる「雪調」事件については、高島真『特高Sの時代――山形県社会運動史のプロフィール』（新風舎、一九九九年）三三二頁以下が詳しい。）

――その捜索はお父さまが出征されている時にあったのでしょうか。

小田中　そうです。

――先生はその捜索の時はご自宅におられたのですか。

小田中　おりました。もう、強烈な印象ですね。

――それは治安維持法違反の嫌疑ということですか。

小田中　そうです。

――先ほど言われた雪害調査研究所で行われていた調査研究の内容が治安維持法違反になるというの

が理由だったのでしょうか。

小田中　そうです。治安維持法違反です。共産党再建の動きと特高は見たのでしょう。完全にでっち上げですね。

――およそ無関係な調査研究が、治安維持法違反だとされたわけですね。

小田中　そうです。

――そうしますと、お父さまはたまたま出征されていたために検挙されなかった。

小田中　そういうことです。

――小池さんや石田さんは検挙されたのですか。

小田中　小池さんはやられた。石田さんのことは知りません。

――先生はその時に特高の実際の姿を目の当たりにされて、権力というものの怖さを体感されたわけですね。

小田中　そうですね、子供心に。特高は朝早く五時に来るのです。父が持っていた本があったのです。野呂榮太郎とか、平野義太郎とか、山田盛太郎とかのありとあらゆるマルクス主義関係の本と、それから手紙とか日記とか、あらゆるものを持っていった。後日談になりますが、特高はその本を古本屋に売っていたのです。

――盛岡の古本屋ですか。

小田中　そうです。父は帰ってきてから、それを見つけて買い戻したのです。その本は盛岡の自宅にあります。

―― その特高の捜索があったのは一九四三年のことでしょうか。

小田中 一九四三年になりますね。私が小学校（国民学校）の三年生だったから。

―― そうしますと、先生が八歳の時ですね。強烈な体験ですね。

小田中 そうですね。今でも憶えています。

2 国民学校・中学校時代

―― 先生の国民学校時代はまさに戦争の時代だったわけですが、盛岡には空襲などはあったのですか。

小田中 ありました。仙台ほどではありませんでしたが、釜石がやられて、その余波で盛岡にもB29が来て何発かは落としていきました。私も防空壕に隠れたり、そういう体験をしました。

―― 戦時下での教育ですから、軍事教練は国民学校でもあったのですか。

小田中 いや、それは先生によりけりでした。国民学校の一年生の時は、私は東京におりました。二年生の時に盛岡に帰ってきて、その盛岡の城南國民学校は、わりに軍事教練的な軍国主義教育が盛んな模範校でした。ですから、担任の教師の個性もあったのですが、徹底的な軍国主義教育をやっていました。当時、級長というのがありました。今でいう生徒会のクラス委員長みたいなものです。級長がだいたいターゲットになって、殴られたり蹴られたりしました。

―― 学校に軍人が来るのですか。

小田中 いや、教員です。そういうことをしない穏やかな先生もおられた。でも、厳しい先生も……。

ですから、人によってずいぶん体験が違うと思います。

――先生の担任の教員は厳しい方だったのですか。

小田中 厳しい方でしたね。

――先生は東京から引っ越されて盛岡に帰ってこられたのですよね。東京におられたのはお父さまのお仕事の関係ですか。

小田中 そうです。全国農業会というのがあって、農業会は販売と購買と中央会という三つの組織があって、全国と県と市町村単位の農業会がありました。その中の全販連（全国米穀販購買連合会）というところに父が勤めた。それで東京に行ったのです。

――先生は東京に三度住んでおられますが、東京時代で何か記憶に残っていることはありますか。

小田中 国民学校時代、東京大学時代、東京都立大学時代と三度、東京に住みました。国民学校時代で記憶に残るのは、「紀元は二六〇〇年」（奉祝國民歌「紀元二千六百年」）です。昭和一五年（一九四〇年）の奉祝で、花電車を見ました。東京はもう浮足立って花電車をやっており、それを見に行った記憶があります。そして戦争が始まるでしょう。そうすると国民学校の先生が徴兵されていくわけですね。そういう体験をしました。

――東京に住んでおられた頃は、まだ空襲は始まっていない時期ですね。

小田中 ええ、まだです。

――盛岡では空襲にあわれたわけですが、盛岡には軍事施設か何かあったのですか。

小田中 何もないです。釜石にはあったと思います。

――空襲というのは、ずいぶんと怖いものなのでしょうね。

小田中　ええ。だから、急ごしらえの防空壕に入りました。

――先生が一〇歳の時に敗戦、ラジオで天皇の玉音放送を聞かれたのですか。

小田中　そうです。その時、私は母の実家（水分村）に疎開していたのです。不動國民学校に通いました。農村ですからラジオが一軒一軒あるわけではなくて、隣の家、といっても五〇〇メートルぐらい離れていましたが、そこに行って玉音放送を聞きました。

――先生ご自身は、内容は分かりましたか。

小田中　私は分かりませんでした。ですが、父はだいたいは分かって、これはもう負けたということを教えてくれましたね。戦争が終わって、父はすぐに『アカハタ』を読みました。ですから、私も小学校四年の頃から『アカハタ』を読んでいた（笑）。

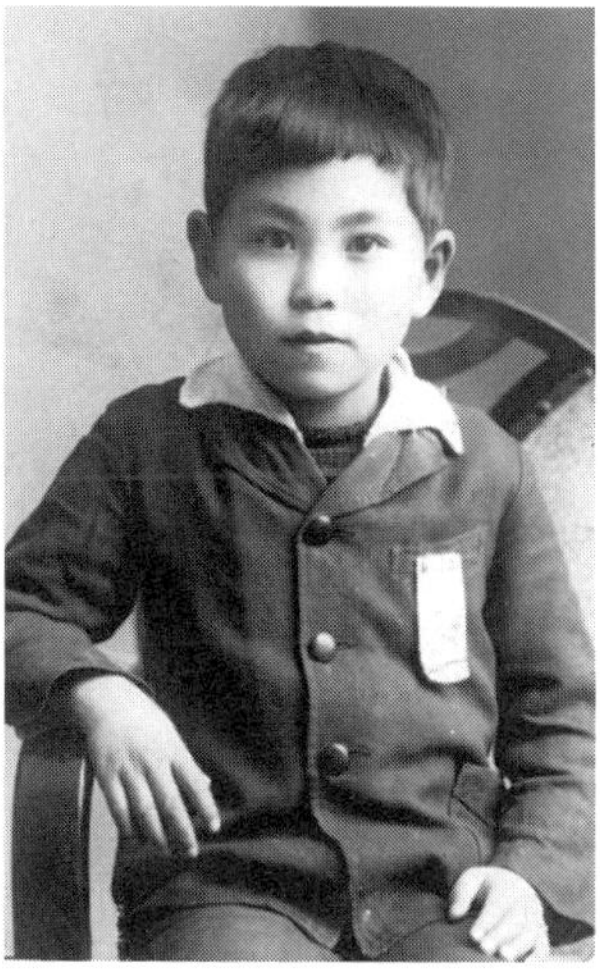

国民学校１年生
1941年ごろ

――その頃だと『アカハタ』はチラシのようなものだったのですか。

小田中　そうそう。

――片仮名ですよね。

小田中　紙名が『アカハタ』と片仮名だった。今は『赤旗』。

――玉音放送で戦争が終わったと分かった時、解放感のようなものを感じられましたか。

小田中　やっぱり教師の暴力から逃れられた、これが一番大きかったですね。それと、『アカハタ』を読んでいましたから、日本が新しい国になるということを感じました。『アカハタ』だけじゃなくて、父は、私にさまざまな小学生の読む雑誌も買ってくれました。『少年の友』だったかな、ちょっと雑誌の名前は思い出せませんけれど。

――小学生で『アカハタ』を読もうというのは、先生はずいぶんと早熟だったのですね。

小田中　早熟でしたね。例えば『世界』（岩波書店、一九四六年創刊）はもう中学校から読んでいましたからね。

――それはなかなか……（笑）。『世界』は戦後出たのかな。『改造』（改造社、一九一九年創刊）は戦前からですね。

小田中　そう。『改造』とか『中央公論』（中央公論社、一八八七年創刊）は戦争中に出て、父も母もそれを読んでいました。それは私も知っていました。しかし、『世界』は戦後に出たのです。吉野源三郎さんという大変優秀な編集者がおられて、一番影響を受けた雑誌でしたね。当時、清水幾太郎とか、都留重人とか、ああいう人たちが書きまくっていました。ですから、私は小学校高学年から中学校の頃は『世界』少年だった（笑）。

――そういう雑誌がご自宅にあって、そこに書かれていたことについてご家族で話をするとか、そういうことはあったのですか。

小田中　そういうことはありませんでした。父も母も私に思想教育はしませんでした。ただ父が買ってくれた本があるわけです。『世界』も父が買ってくれた。その雑誌がある。それを私が読む。

だけどそれに対して、おまえはどう思うかとか、こうあるべきだということは、父も母も一切言ったことはありません。ありがたかったですね。

――先生にはご兄弟がおられますが、その当時そういうものを読んでいたのは先生だけですか。

小田中　そうですね。姉と弟がおりますが。姉は音楽のほうが好きでしたし、弟はまだ幼かったのです。私は中学校は弁論部でした。弁論大会で優勝を何回かしました。高等学校では社会科研究部と弁論部と二つかけもちでやったのです。その時の題名は今とあまり変わらない（笑）。

――中学校の弁論部でのテーマは何だったのですか。

小田中　例えば、「真の勇気を持とう」。真の勇気とは何か。真の勇気とは、本当の敵を見据えて、そしてそれと戦うことである。戦い方も問題である。だけど一番大切なのは、真の敵は何かを見抜くことだと。そういうことを一生懸命考えて述べたのです。

――確かに先生は、今も一貫しておられる（笑）。先生の中学校時代はもう「日本国憲法」ができていましたね。

小田中　そうですね。「日本国憲法」は、綾部友治郎という東大出身の仏文学者が下小路中学校の校長に赴任されて、『あたらしい憲法のはなし』という教科書を使って教えて下さいました。

――『あたらしい憲法のはなし』は、文部省の教科書ですよね。

小田中　そう。

――戦前の古い教科書を墨で消すということも体験されたわけですか。

小田中　ええ。それは水分村に疎開していた時、不動小学校で墨を塗りました。当時はマジックがなかったから墨をすって、定規をきちんと当てて、塗るところを四角に鉛筆で囲んで、それに墨を塗るのですね。几帳面にきちんと痕跡を隠滅するわけです。証拠隠滅。

――それは国民学校時代の教科書ですか。

小田中 そうです。中学校はそういうことはありません。小学校です。

――中学校時代には、『あたらしい憲法のはなし』が教科書として使われたわけですね。

小田中 そうです。新制中学校に入ると、当時は仙花紙というざら紙。しかも一冊のまとまった本になって来るのではなくて、何分冊も分かれて来るのですね。それを自分でまとめて一冊の教科書にする。そういうことから戦後教育はスタートしたわけです。でも、間もなくちゃんとした教科書ができました。

――年譜によると、小学校時代のお二人の先生の名前が挙がっているのですが、このあたりのお話をしていただけますか。

小田中 不動國民学校から城南小学校に転校するわけですが、その時の校長が潮田斌《さかり》先生で、岩手県教員組合の委員長を務め、そして校長もやられた大変リベラルな方でした。城南小学校は一変したわけですね。そこで担任になったのが三船千代先生という女の先生でした。この方は非常に人徳者というのでしょうか、まだお若かった。二七歳ぐらいだったと思いますが、よくクラスをまとめて、歌をたくさん教えてくれました。教科書がほとんどなきに等しい状態だったので、時間があれば歌を教えてくれた。あとはドッジボール。「級訓」がありました。「希望を持ち理想に向かって邁進せん」というものでした。そういう先生でした。

ですから、三船学級というのは、みんな仲が良く、私にとっては天国のように懐かしいクラスでした。当時、東京、それから満州、朝鮮からの引揚者がたくさんおられました。もう混合体だった。それをうまくまとめなければなりません。私、級長でしたから（笑）。原点は三船学級です。今もクラス会をやります。

――それまでの教師とは全然違った雰囲気のクラスだったのですか。

小田中　そうです。

――もう一方の君成田七三先生という方はどうでしたか。

小田中　君成田先生は、私が城南小学五年生の時と、下小路中学二年生と三年生の時の学級担任でした。先生は貧農の出でしたが、勉強をしたいと思われて、苦学されて学校の先生になられた方でした。一方で、いわゆる岩教組、岩手県の教職員組合の活動もずいぶんやっておられました。当時、岩教組というのは日教組の中核部隊、ものすごく強い組合の組織でした。そこの執行委員とか、そういうのをやられた方です。思想的には社会党に近かった。しかも頑固者という意味では、平野龍一先生によく似た感じです。一徹で、曲げない。やっぱり影響を受けましたね。

――先生はこのお二人の先生に強い影響を受けたということでしょうか。

小田中　思想的な影響というよりも、何というのでしょうか、ちょっと説明しにくいのですが、思想的には先ほども言いましたように、やっぱり父母なのですね、私にとっての一番の教師は。もちろん学校でも勉強しましたし、良い先生がたくさんおられて影響を受けましたけれど、人間としての糧になったのは、やはり私にとっては父母だと思いますね。

でも、良い先生に恵まれたというのは、これはありがたいことですよね。私を自由に、やりたいようにやらせてくれた。三舩先生でも、君成田先生でも、そのほか及川和夫先生とか、もう数限りなく。私の才能を伸ばして下さった。私自身、あまり才能はないと思いますけれど、ない才能を黙ってエアツーウンク（Erziehung）というか、引き出してくれた。それはありがたいことでした。

――年譜では、中学校に入って「音楽部に入る（を作る）」とあります。音楽部というのは合唱部ということですか。

小田中　当時はまだ学校にレコードがあまりないわけでしょう。だから、レコードを買う。そこから始めるわけです。そこでショパンとか、ベートーヴェンとか、シューベルトとか、そういうレコードを買う係でした。それと合唱。私は中学校の一年まではボーイソプラノだったけれど、二年生の時に声変わりで、急に声が出なくなった。市内の中学校の音楽大会に出ることになって、「叱られて」を一生懸命練習しました。ところが、声が出ないのです。それで合唱をやめたのです。

――先生はその頃からクラシックがお好きだったのですね。

小田中　ええ、クラシックは好きでしたね。幸いなことに、父も母もレコードをたくさん持っていました。それこそベートーヴェンの「ヴァイオリン協奏曲」。天下のヨーゼフ・シゲティが奏いたもの。それとかシューベルトの「アルペジョーネ・ソナタ」。これをチェロ協奏曲に編曲したもので、ガスパール・カサドが弾いている。カサドという人はパブロ・カザルスの弟子なのだけれど、ナチスに協力したということで、カザルスは絶対にカサドを弟子として認めなかった。そのカサドのレコードがうちにありました。

―― 音楽部をやりながら弁論部もやるという、二兎を追われたのですね。

小田中 中学校の時はそうですね。ただ、高等学校に入ってからは、一年生まで合唱部にいて、「流浪の民」とか、「緑の森よ」とか、合唱しましたが、三年生の時にはだんだん足が遠のいて、もはや合唱部のメンバーではないのです。

―― 年譜を見ますと、先生は中学校三年生の時に生徒会長になられていますね。

小田中 はい、中学校の時は生徒会長をやりました。

―― 「日本国憲法」ができて戦後の解放感がある時代ですので、生徒会も自由にいろんなことがやれた時代だったのですか。

小田中 そうですね。下小路中学校は、君成田先生の非常に強い影響があった学校でした。生徒会というのは六・三制教育の要なのですね。生徒会を作り、例えば運動会にせよ、何にせよ、自主企画でやるという学校でしたから、生徒会は、私の体験としてはものすごく大きいです。その生徒会長をやったわけですから、私にとっては伸ばしてもらえたという感じがとても強いです。

―― 今だと、中学校の生徒会で運動会企画をやるというのは、あまりないのではないでしょうか。教員の方がやると思いますが。

小田中 いや、実質は教員がやるのです。それをあたかも生徒がやったように教育するのが教員なのです。それが戦後の六・三制教育です。自主性を尊重する。それがさっき言ったように、私にとっては非常に斬新でもあり、ありがたい教育だったと思います。

3　高校時代

―― 先生は一九五一年に盛岡第一高等学校に入学されています。年譜には、「（一番⁈で）入学」とありますが（笑）。

小田中　これは娘（千鶴）の誘導尋問に引っかかって言ったのですが、まあ、事実はそうです。当時、進学するために岩手県下で一斉に同じテストをやったのです、高校に入るのに。その時に一五〇点満点で一四〇点を取って、県下で一番だった。それで下小路中学校は新制中学校として名を馳せたのです。

―― 先生は高校三年の時にも、東北地方でトップの成績を残したと聞いていますが。

小田中　当時は東北三県、岩手、秋田、青森の三つの県で新聞社が主催した三県学力コンクールというのがあったのです。夏と冬と二回あるのですが、私が三年生の時にたまたま一番になった。

―― それは東北三県の学力テストのようなものですか。

小田中　そうですね。三県でやる。だから東大に行ってから、「おまえはあの時の何番だ」と分かるのですね（笑）。新聞に出ますから。

―― 先生は優等生だったと聞いていますが、その通りですね（笑）。

小田中　私は自分で優等生だと思ったことがないのです。私の考え方は、ちょっと理解が難しいかもしれませんが、一番になるために勉強しようという気はなかった。二つ動機があって、一つは、私はさっきも言いましたようにわりと早熟で、私の言うことはちょっと同級生とかけ離れた面があると思いました。その同級生を説得するためには一番でなければ駄目だと思ったのです。一番なら文句は言えない。小田中の言うことは正しいとなる。それが一つでした。もう一つは、やはり勉強したい。本当の勉強をしたい。そう思いました。

――特にお好きな科目はありましたか。

小田中 私は理科系が駄目なのです。理科系はものすごく努力しました。私が得意だったのはやっぱり社会、文学、英語といった文科系ですね。しかし、数学や物理などの理科系もほとんど一〇〇点は取れました。ただし、それは努力したからです。

――でも努力して、駄目な科目でもいつも一〇〇点というのは……（笑）。

小田中 英語、国語は、努力して取ったというよりは、いつの間にかという感じですね。好きだったからでしょう。

――他方で先生は相当な読書家でいらっしゃったのではないかと思いますが、当時読まれていた本で何か印象に残る本はありますか。

小田中 高等学校ですか。

――中学と高校の両方で。

小田中 母が宮本百合子が好きでしたから、宮本百合子の小説と、父がロマン・ロランが好きでしたから、ロマン・ロランが好きでした。

母校にて
高校３年生の夏

――『魅せられたる魂』（ロマン・ロラン著）とかですね。

小田中　それと、『ジャン・クリストフ』（ロマン・ロラン著）とか。それからロジェ・マルタン・デュ・ガールが書いた『チボー家の人々』。これはだいたい中学校で読みました。

――長い本ですね。

小田中　長い本ですよね。それらを大学に行ってからも、それから今でも読み返していますけれど、良いですね。だから、私が思想的な影響を受けたのは誰かというと、外国人でいえばロマン・ロラン。あとはトルストイやなんかも読みましたが、やっぱりロマン・ロランでしょうね。

――先生の高校時代は一九五一年入学で一九五四年卒業となっています。その高校時代に、松川事件についてすでに関心を持っておられたと聞いています。松川事件は第一審判決が一九五一年で、控訴審判決が一九五三年なので、先生の高校時代に重なります。

小田中　松川事件については何かに書いたと思いますが、松川事件の被告の家族の方が盛岡に訴えに来られた。その頃に盛岡高校生平和協議会というのがあったのです。盛岡にいる社会的な関心を持った高校生たちが集まって盛岡高校生平和協議会を作った。その平和協議会に松川事件の家族の方が被告の無実を訴えるために来られ、それを機に会員が集まって訴えを聞きました。その時に初めて松川事件を知ったわけです。私は「そうだ、これは冤罪だ」ということを直感しました。一年生の時でした。そこで、その翌日から同級生の署名を集めて、カンパを募って送ったりしました。その時から松川事件というのは、私にとっては脳裏から離れることはなかった。

――それは社研部の活動ではなくて、先生個人の活動だったのですか。

小田中　社研部の活動というよりは、そこは渾然一体なのですが、私にとっては盛岡高校生平和協議会というのは社研部と重なるわけです。

――社研部というのは何か読書会みたいなものですか。

小田中　活動が四つありました。一つは県下の討論会に出ることです。

――どんなテーマをやるのですか。

小田中　例えば、天野貞祐文部大臣の提唱した「道徳教育復活論」（一九五〇年）は是か非か。あるいは「平和共存は可能か」。そういうテーマでやりました。社研部はそれに出るわけです、三人でチームを作って。主に私がしゃべり手だった。一年生の時からずっと。それでほとんど優勝しました（笑）。

――それが一つ目の活動。

小田中　ええ。二つ目は『社会科学論叢』という雑誌を作ることです。

――雑誌を作るのですか。

小田中　部員が各自で論文を書きました。三つ目は弁論部と共催して校内弁論大会をやる。四つ目は時々、研究会をやる。その時のテーマも多くが「天皇制は是か非か」。そういうことをやりました。

――先生がその部内誌に書かれたのが初めての論文ということになりますか。

小田中　そうでしょうね。

――どんなテーマで書かれたのですか。

小田中　当時、吉岡力先生の『世界史の研究』（旺文社、一九四九年）という、高校のスタンダードな参考書みたいなものがあったのです。吉岡先生はどこの大学の先生だったのか覚えていませんけれど、高校生の誰もが世界史の参考書として読んでいた。その『世界史の研究』を逐一検討して、ここがおかしい、ここはこうなんじゃないかという、そういう批判的なものを書きました。

――先ほど先生は、中学校の時は同級生に比べて社会的な問題意識をいろいろ持っていて、でも同級生はなかなかそういうことは分かってくれないので、どう説得したらよいかということで一番の成績を取ったと話されました。高校生になって、社研部や弁論部で同世代の人たちと話が通じるようになったのか、それともやはり先生が一歩先に出て、同級生を引っ張っていかれたのか、そこはどうだったのでしょうか。

小田中　同学年の人たちが私をどう見ていたかは私には分かりません。けれども、私は高校二年生の時、生徒会の会長という制度を廃止して五人からなる生徒会委員制度を作りました。私はその委員でもありましたから、生徒会をまとめなくてはならない。ですから、同級生だけでなく、上級生や下級生とも仲良くはしました。同級生は、小田中はほら吹きだと思ったかもしれない（笑）。いやいや、本当に。校内弁論大会で私が話すと、「小田中、おまえはおかしいぞ！」とかやじを飛ばされ（笑）、そういうことを言われましたし、「その通りだ」という人もいましたし、さまざまでした。

頭のよしあしで言えば、私は決して頭はよくない。頭のいい人はいっぱいいましたね。だけど、ちょっと説明が難しいのですが、ただ勉強ができるというだけではつまらないじゃないですか。そういう気持ちは強かったですね。

――お父さま、お母さまから影響を受けていて、筋道を通すことを大事にされたということでしょうか。

小田中　そう言えばそうなのでしょうね。だから、そういうものを持った人は尊敬しました。私よりいくら成績がよくても、まあ思想的というとちょっと大げさかもしれませんが、信念を持たず、ただ頭がいいというだけでは、私は尊敬はしませんでした。頭のよい人はいっぱいいました。それはもう、世の中には秀才がいっぱいいますから。

――やはり社会的な問題意識というか、そういうところを大事にされていた。

小田中　そうですね。社会的意識を持つことは人生のテーマだと思います。

――このインタビューの準備を兼ねて、ご著書の『五十年振りの手紙』（現代人文社、一九九九年）を拝読しました。そこに、高校時代に校長排斥運動があったという文章が出てきます。当の校長先生も節を持った人であったと書いておられましたけれど。

小田中　校長は小圷《こあくつ》洋先生という、東大を出た英語の教師でした。高校の教員になって英語を教えておられ、戦後、福岡高という県北の高校から盛岡一高に校長として赴任されました。戦争中に先生が盛岡一高（当時は盛岡中学）でやった教育がまさに軍国主義教育。先生は水戸出身、水戸っぽです。水戸学の流れを汲む人ですから、先輩に対して暴力を振るう。思想的にも痛めつける。そういう先生でした。ですから、盛岡一高に校長として戻ってこられた時に排斥運動が起きたのです。この動きは卒業生から出てきたのです、痛めつけられた人たちから。それが先輩からの働きかけで在校生に飛び火をして、生徒会がそれに巻き込まれそうになったのですね。

小圷先生のそういう暴力的な行為は戦後はなかったですから、私は先生を個人的に排斥することには必ずしも賛成ではなかった。しかし先生は結局、盛岡一高から仙台近辺の古川高校の校長になられた。実質上、左遷されたのです。その代わりに、仙台の第一女子高校の校長であった樋口佐平先生が盛岡一高の校長になられました。交換人事をやったわけです。これは盛岡一高の先輩たちやPTAの方々が考え出した妥協策です。一流校長人事の交流。先生は、古川高校に一〇年ぐらい雌伏して、それから仙台第二高校の校長になられますが、仙台に移られてからは名校長で鳴らしました。亡くなった時には私もお葬式に行きました。私は恩讐の彼方だと思いました。

――戦後の教育界では、いろいろなところでそういうことがありそうですね。

小田中　そうだったと思います。

第2章　大学入学、そして学士入学

1　大学時代

――では、大学時代のお話をうかがいたいと思います。

小田中　私は高等学校を終わって東京大学に入って、経済学部に進みました。経済学部では安藤良雄先生という、現代日本経済史を専攻している先生のゼミに入りまして、「戦争と経済」について学んだのです。ゼミ論文では、戦争中の米の問題、軍隊と米の問題について統計を使いながら書きました。大学院に行くという気持ちも何となくあったのですが、最後の段階で、自分が社会というものを知らないであまり偉そうなことは言えないなと思い、社会に出なければ駄目だという気持ちになりました。ゼミ論文では米価政策史を勉強したので、農協に勤めてみようかなと思って農協に就職を決めました。

もっともすんなり行ったわけではなくて、朝日新聞社を受験したり、三井物産の入社試験を受けたりしました。どっちも受かったのですけど、全販連（全国販売農業協同組合連合会）という農協の全国団体に決めて、そこに入りました。

――農協に就職されたのは、お父さまのお仕事の影響もあったのでしょうか。
小田中 それもあると思いますが、それ以上に、ゼミ論文が米価政策史でしたから。
――その論文は卒業論文という形で書かれたのですか。
小田中 そうです。
――経済学部を選ばれたのはお父さまの影響があったのですか。それとも戦争との関係でしょうか。
小田中 私の考え方には、若い時からわりに偉そうなことを言って、戦争の問題でも随分しゃべってきましたが、その基礎には経済過程の問題があります。ですから、経済学部に行くのは何の躊躇もなかったです。経済学部しか思い付かなかった。
――その頃は法律学なんていうのは……。
小田中 もう全然、頭の片隅にもありませんでした。ただ、佐藤功先生の憲法、星野英一先生の民法、この二つだけは受講しました。けれど法律には興味がありませんでした。
――当時の東大の経済学部というと、山田盛太郎先生もおられましたね。
小田中 そう。山田先生、それから大河内一男先生。
――社会政策ですね。
小田中 経済原論では相原茂先生、日本経済史では土屋喬雄先生、西洋経済史では松田智雄先生、大塚久雄先生、経済政策総論では横山正彦先生、特殊講義では玉野井芳郎先生でした。もう錚々たるものだった。だから飽きませんでした（笑）。

2　卒業後、全販連に

――経済学の研究者になろうという気持ちも少しはお持ちになったのですか。

小田中　ありました。ありましたけれど、断念したのです。断念というよりも、何というのでしょうかね、一種のモラトリアムみたいなものかもしれません。社会に出よう、とにかく社会を見ようと思ったのです。

――社会に出て、そこで社会を体験し、将来の進路もまた考えるというようなことでしょうか。

小田中　そこまで考えませんでした。本当にもう行き当たりばったりで、辞めるつもりで全販連に入ったわけじゃなくて、やはり入ったからには一生やろうという覚悟の下でした。ところが入会して三年目に六〇年安保闘争がありましてね。

――ええ。

小田中　私は当時、全販連で労働組合の執行委員をやっていました。そこで初めて安保条約を知るわけです。それで安保条約の勉強をしました。

――それが法律というものに向き合った初めての機会ということでしょうか。

小田中　そう、初めてだと思います。本気で。安保闘争が終わって、六〇年安保が成立するわけですね。その日（一九六〇年六月一九日）、組合員（全農協労連）の一員として、私も国会議事堂周辺に行きました。ちょうど新安保条約が自然成立するわけですね。その時にシーンとした静寂が……。周辺のデモ隊が沈黙するわけです。騒ぐのではない。シーンとする。そういう中で、これから日本はどうなるのだろう、そう考えました。

その時に考えたのは、やはり私は、マルクス主義しか知らなかった。大げさに言えば、これからは人権という概念で日本の世の中は動いていくのだろうということを直感で思いました。これは直感ですけれど。

3　弁護士をめざして学士入学したが

――その後、東大法学部に学士入学されますが、それは松川事件の裁判闘争に関心を持っておられたことも影響していたのでしょうか。

小田中　それもあります。

――そこで、刑事手続と人権というテーマに向かわれた、というわけですか。

小田中　まあ、そこまではははっきりしなくて、とりあえずは弁護士というものが一つの大きな役割を果たすと思いました。これは安保闘争にしろ、松川闘争にしろ、当時、青法協（青年法律家協会）や自由法曹団が大活躍していました。上田誠吉弁護士、中田直人弁護士、いろんな弁護士の姿を見てすごいと思って、弁護士なら人権を守る運動にいささかでも貢献できるかなと思ったのです。だから私は、弁護士になろうと思って司法試験を受けました。

――法学部に学士入学された当初は、弁護士になろうというお気持ちだったのですか。

小田中　はい。弁護士以外は考えませんでした。
――学士入学された時は、法律の試験があったのですか。
小田中　いや、教養学部の時の成績がよかったので、試験はなかった。無試験で入ったのです。
――学士入学では学部は二年間ではなくて、一年間なのですね。
小田中　本当は二年間なのですが、一年経ってたまたま大学院の入試があったのです。
――その場合は一年でもかまわないと……。
小田中　かまわないのです。学士の資格だけでよかった。
――四月に学士入学されて、夏にはもう大学院入試ということになりますね。
小田中　夏よりはもっとあと、一一月ごろです。でも学士入学してから半年ちょっとでした。
――先ほどのお話だと、それまでは法律学を学んだのは星野先生の民法とか、佐藤功先生の憲法程度ですね。
小田中　そうです。
――学士入学されて初めて各法分野を勉強されたということですか。
小田中　その時は勉強しました。我妻榮先生の『民法講義』(岩波書店、全八巻、一九三二～七二年)。あれは全部読みました。
――我妻先生の『民法講義』はまだ途中までしか出ていなかったですよね。
小田中　ええ。それから、小林直樹先生の憲法、加藤一郎先生の民法、石井照久先生の労働法。これを聴講しました。

――刑法は団藤重光先生ですか。

小田中　刑法は団藤先生。刑事訴訟法は平野龍一先生。全部聴講し、勉強しました。それは死に物狂いでやりました。

――大学院を受験された時の試験科目は憲法、刑訴法、刑法ですか。

小田中　憲法、刑訴法、刑法の三つです。

――学士入学された時にゼミはどこに入っておられたのですか。

小田中　法学部ではゼミに入りませんでした。

――大学院に入学された動機ですが、弁護士になるためだったら大学院に行かなくてもいいですよね。その頃に先生の中に研究者志望というお気持ちが出てきたということでしょうか。

小田中　いや、私は、全然法律を知らないわけですから。

――法律の勉強のために大学院にも行くことにされたということでしょうか。

小田中　大学院に行った時の気持ちはやはり、刑訴法がおもしろかったということがありましたね。平野先生の講義と体系書の『刑事訴訟法』がおもしろかった。非常に斬新で憲法的で。

――そうすると将来の進路とは別に、おもしろい学問をやってみようというお気持ちで……。

小田中　そうそう。一種の知的好奇心です。ですから大学院に行った時にも刑訴法をやったのですけれど、それは平野刑訴理論が憲法の各論に思えたからです。研究者になろうと思って大学院に行ったのではないのです。そうではなかった。

――大学院の入学試験では面接はあったのですか。

小田中　ありました。面接では本当に論文を書けるのかと聞かれました。

――面接官は団藤先生ですか。

小田中　団藤先生ではなくて、そう聞かれたのは三ケ月章先生（民訴法）です。面接委員は三ケ月先生でしたから。

――お一人だけですか、面接委員は。

小田中　いや、何人もおられましたね。三ケ月先生に「きみは本当に論文を書けるのか」って聞かれました。

――法学部に入ってからまだ半年しか経っていないじゃないかと……。

小田中　そうです。そう言われたから、「いや、書けます！」。それはもう意地ですからね。そう言いました。

――大学院では、平野先生の指導の下に刑事訴訟法の研究をすることになったのですね。

小田中　そうです。平野先生の刑訴法がおもしろかった。これははっきりしています。

――大学院受験の時に、平野先生と人的なつながりというか、研究室を訪問して相談するとか、お話しするとか、そういうことはなかったのですか。

小田中　いや、一切しませんでした。

――団藤先生とも面識はなかったのですか。

小田中　先生の講義は受けましたが、面識はありませんでした。

――三ケ月先生に「書けるのか」と聞かれた時に、そこには団藤先生も平野先生もおられたのですか。

小田中　おられました。

――両先生は何も聞かない。

小田中　何も聞かない。海のものとも山のものとも分からないじゃないですか。それでも採って下さった。本当にうれしいというか、感謝の念で一杯です。

――大学院の入学試験問題は憶えておられますか。どういう問題が出たのですか。

小田中　非常に細かい問題でした。伝聞証拠に関わるもので、団藤先生と平野先生の学説が全然齟齬しないような試験問題が出たのです。

――大学院に行く過程では、団藤先生や平野先生の論文等も読まれていましたか。

小田中　もちろん。

――年譜によれば、当時、先生はご結婚をなさっていますが、経済的に何か収入はあったのですか。

小田中　失業保険で食べていました。それから、隅野隆徳君がYWCAの講師を紹介してくれました。これには助かりました。隅野君は憲法学者で東大教養学部時代の友人で、小林直樹先生に師事しておられました。

――専修大学にいらっしゃった隅野先生ですね。

小田中　そう専修大学です。彼は私の恩人です。

――隅野先生はYWCAでは何かアルバイトをなさっていたのですか。

小田中　憲法を教えていました。YWCAにはわりと良家のお嬢さんたちが来ておられて、そこで憲法を教えないかという話が隅野君からあって、憲法を教えました。隅野君は、私に譲って下さったのだと思います。

―― 一九六一年四月に法学部に学士入学されて、翌六二年の四月に大学院進学されますね。その年に司法試験に合格なさっています。ということは、一年間の勉強で司法試験に通られたということですね。

小田中 一年間より短かった。約半年です。多く見ても一〇ヵ月。本気で勉強すればできるのですね（笑）。本気という意味は、私にはマルキシズムが哲学的な思想と行動の基本にあるのです。法的な構成というのは、マルキシズムから見れば、マルクスは法律学者でもありますから、いろんな社会・経済構成体が上部構造としては法的な形態をとると考える。例えば憲法にせよ、民法にせよ、刑法にせよ、実態ではなくて法的形態をとる。それで法律学も割合すんなりと頭に入りました。

―― 先生は経済学を相当深く勉強されていましたよね。それが司法試験にもプラスになったということでしょうか。

小田中 その通りです。ですから、例えば川島武宜先生の『所有権法の理論』（岩波書店、一九四九年）という名著があります。私は経済学部出身ですが、法律を勉強しようと思った時に最初に読んだのが『所有権法の理論』なのです。その名著が言っていることは、資本主義的な社会・経済構成体を法的に表現したのがまさに所有権という基礎範疇だということです。

―― そうですね。『所有権法の理論』だと何となく分かるのですが、それが刑法とか刑訴法になると、法的形態とはいっても特有な刑法理論、思考がありますよね。なかなか結び合っていけないのかなという感じもするのですけれど。

小田中 そう思うのがふつうでしょうね。でも結び付いているのです（笑）。

――勉強してみて、ああ、おもしろいなあというふうに思われたわけですか。

小田中　おもしろいと思った。刑訴法にせよ、民法にせよ、労働法にせよ、もうどれもこれもがおもしろくてたまらなかった。

――大学院ではドイツ法の文献などを読んでおられたのですか。平野先生や団藤先生のゼミそれぞれで……。

小田中　大学院では、研究テーマを平野先生からもらいました。先生はゴルドシュミット草案（一九二〇年）を私に下さり、これをテーマにしなさいとアドバイスして下さいました。

――ドイツ刑事訴訟法の一九二〇年草案ですね。

小田中　それを勉強しました。一九二〇年草案は非常によいテーマでした。

――大学院の授業というのもあると思いますが、平野ゼミではこういう文献を読むようにとか、団藤ゼミではこういう文献を読むようにということはなかったのですか。

小田中　平野先生は一切、私に干渉しませんでした。団藤先生もそうでした。本当に寛大でした。

――テーマは平野先生からいただいたとおっしゃいましたが、その後は何もなかったのですか。

小田中　何にもない。一九二〇年草案を書庫から探してきて私に手渡して、それで終わりです。あとはもう何にも言われない。

――平野先生とは、学問研究以外での交流はあったのですか。

小田中　平野先生は非常に心の優しい方で、私が結婚しているのをご存じでしたから、「小田中君、経済的にちゃんとできているの?」と聞かれました。それから、「ある人が奨学金を出すと言っているのだけれど、どうする?」と訊ねられました。私はありがたく頂戴することにしました。でも、誰がそれを出しているかということは一言もおっしゃらない。大学院を終わって東京都立大学に勤めて、その奨学金を返しに行った時に初めて、実は奨学金を出したのは自分だということをおっしゃいました。本当にありがたかった。

平野先生は熊本出身ですけれど、本当の肥後もっこすです。何ていうのでしょうか、シャープで、記憶力に優れ、頑固で、優しい人でした。私にとってはありがたい先生です。

ちょうどあの頃、B・J・ジョージさんという学者がアメリカから東大に来られた。田宮裕先生が通訳をされ、セミナーをやりました。その時に京都大学から鈴木茂嗣さんが来られて参加された。そういうゼミはありましたね。あとは独学。独学というか、とにかく平野先生は口を出しませんでしたからね。団藤先生も。まあ、お忙しいということもあったでしょうし。

——口出ししないで自由に研究をさせるというのは、ほかの院生にも同じだったのですか。先生が特に信用されているというか、レッセ・フェールということではなかったのですか。

小田中 平野先生も時によってやはり違ったと思いますね。

——東大の大学院の同期生はどなたになるのですか。岩井宣子先生とかは……。

小田中 岩井さんは助手ですから別格です。刑訴法を一緒にやったというのでは岩井昇二さんという方がおられました。

刑訴法の大学院生には、しばらく経ってから三井誠さんが九州大学から来られましたが、そのほかにはいませんでした。

――先生が大学院を出られたあとでしょうか。

小田中 私が大学院を出て、そのあとに三井さんが入ってこられた。

――先生は学士入学した頃、平野刑訴法に大変な魅力を感じておられたわけですが、他方で、平野先生は松川事件について発言されています。先生のスタンスとは相当に違いますね。

小田中 そうです。

――先生は、その辺りについて、どういうお気持ちを持たれていたのでしょうか。

小田中 平野先生は松川事件については有罪説ですし、私は無罪説を公然と主張していました。これははっきりしています。平野先生の偉かったところは、何て言ったらいいのかなあ、そういう私情、私見を挟まずご指導下さったことです。私には、そこがありがたかったですね。

――修士論文で「一九二〇年草案」を書かれましたが、その審査がありますよね。

小田中 ええ。

――その時の審査員は平野先生と団藤先生ですか。

小田中 そうです。その他にも政治史の先生もおられました。

――どういう質問をされたか、何か憶えておられますか。

小田中 高く評価していただいたと思いました。変な話ですが、大学院の中で一番だったと聞いています。ただ、石井照久先生のお弟子さんで紋谷暢男先生という方が商法におられて、どういういきさつかは分かりませんけど、彼が一番手で卒業証書をもらって、私が二番手でした。ですが、平野先生にしてみれば、「まあ、よく書いたね」という感じだったのではないでしょうか。

―― 平野先生自身が「一九二〇年草案」をテーマとして先生に与えたのは、捜査構造をどう見るのか、調書裁判をどう切るかというような問題意識からだったのでしょうか。

小田中 平野先生は、先生ご自身のお考えである当事者主義に基づく刑事訴訟法を作るために、ある程度役に立つ、当時はそう思っておられたのかもしれません。私にとっても非常によいテーマでしたし、平野先生にとってもご自分の弾劾的捜査観とわりとリンクすると思われたのではないでしょうか。

―― 平野先生が分析したかったことが、先生の論文の中で明快に分析されたということなのでしょうか。

小田中 そう思います。

―― 先生は、その数年後に東京都立大学に行かれて、大正刑事訴訟法の歴史的分析に取り組まれたわけですね。

小田中 そうです。「大正刑事訴訟法の歴史的意義――その制定過程を中心として（一）～（四）」で、幸いなことに日本刑法学会賞（一九六九〔昭和四四〕年度）までいただきました。

―― 大学院時代に、団藤先生と平野先生のお二人を間近で見ていたというのは、われわれからすると大変貴重な経験ですが、平野先生は当時、目の前の団藤理論、あるいは旧法以来のいろいろな問題を乗り越えようとされていた時期だと思います。平野先生と団藤先生のお二人の関係といいますか、先生は身近でどんなふうに見ていらっしゃいましたか。

小田中 お二人ともやはりお互いに一目を置いたというか、そういう印象でした。私の場合は団藤先生にも平野先生にも、その後のお弟子さんが感ずるような、平野先生は厳しいとか、団藤先生と平野先生との間には確執があるのではないか、といった人間関係は一切感じませんでしたし、見ないようにしていました（笑）。そういうところを見たってつまらないじゃないですか。そう思います。団藤先生にしろ、平野先生にしろ、あのくらいの大家になれば、お互いにどちらも認め合っていたのではありませんか。

―― 先生が大学院に在籍されていた当時は、松尾浩也先生はもう上智大学に行かれていましたね。田宮裕先生は北海道大学におられた時期ですね。

小田中　そうそう。

―― その頃は松尾先生、田宮先生との交流はなかったのでしょうか。

小田中　ジョージ先生のセミナーでご一緒しました。（注：セミナーにつき、B・J・ジョージ、田宮裕「日米刑事訴訟の比較研究――ジョージ教授のセミナーから（一）～（一〇完）」ジュリスト二七五号～二八四号、一九六三年参照。）

―― そのセミナーというのはどのくらいの頻度でやっていたのでしょうか。月に一回とか、そんな感じでしょうか。

小田中　あれは確か一週間置きぐらい。二週間に一回かな。月に三回ぐらいやっていた。その時に京都大学から鈴木茂嗣さんも来られた。だから、充実したセミナーでした。

―― 先生はそのセミナーでアメリカの刑事手続を学ばれたのでしょうか。

小田中　そうですね。

4　修習生時代

――大学院で修士論文を書かれてから、一九六四年に司法研修所に入ることになりますね。

小田中　そうですね。第一八期の司法修習生になりました。

――研修所では教官はどなたがおられたのですか。

小田中　誰だと思いますか。あなた方の知っている先生の名前を挙げると、有名な石松竹雄先生です。

――石松先生ですか。司法研修所がわりあいリベラルな時期だったのですね。

小田中　そうそう、リベラルだった。今でも石松先生とは交流があります。当時、先生は三五歳ぐらいだったかな。

――石松先生は先生とは一〇歳ぐらいの違いですよね。

小田中　そうですね。本当にすばらしい先生でした。

――実務修習は東京だったのでしょうか。

小田中　東京です。

――年譜に「第一八期司法修習生青法協議長」とありますが、青法協の修習生部会の議長をやられたのですね。

小田中　そうです。当時は弁学合同部会、裁判官部会、それから修習生部会があって、修習生部会は期ごとにありました。私は第一八期の修習生部会で議長をやりました。

——その当時の司法研修所はずいぶん自由なことができたのですね。

小田中　そうですね。小田成光先生（弁護士）が書かれておられるような歌声運動とか、そういうことはあまりしませんでしたけれど、例えば全国の実務修習地から集まってきて、年二回ぐらい集会を開いたりして、お互いの情報を交流したり、あるべき司法像について議論しました。

——今もやっていますね。

小田中　そういうことはやっていました。私も議長として、そういうまとめの役をやりました。

——先生の同期修習生にはどなたがおられますか。

小田中　わりあいといわゆる三派の人が多かったのです（笑）。どう言えばいいのかなあ、ちょうど六〇年安保闘争が終わって、革新陣営には何となく敗北感があったじゃないですか。

——ええ。

小田中　私はそういう立場を採りませんでした。しかし、そういう人たちには相当敗北感を抱いた人が多くて、研修所を修了した後に弁護士になられ、そういう三派的ないしは左翼的な弁護を自由法曹団などの弁護士とはまた別な形でやっている人がかなりいましたね。

——先生は修習生を二年間やられましたが、その後の刑訴法の研究にとって司法修習は有用だったという感覚をお持ちですか。

小田中　そうですね。どこかには生きているように思います。

——先生は修習生時代に少年法の調査研究をされていたと聞いていますが……。

小田中　ええ。日本刑事政策研究会で論文の募集があって、私は少年法について書いたのです。

――それは応募論文ですか。

小田中　応募論文です。その時には新潟大学におられた小野坂弘さんの論文が当選しました。

――先生ご自身のテーマは、少年審判の構造だったのですか。

小田中　そうですね。「年長少年の検送事件の分析」という題でした。

「小田中先生と奥さまとの出会いなど」

インタビューには小田中先生の奥さま（圭子夫人）も同席されていたので、ご夫妻の出会いから結婚生活などもお聞きした。この話になると、先生はいつになく寡黙であったが、お二人の生活には興味深いエピソードもあるので、以下にまとめてみた。

小田中先生と奥さまはお二人のお父上が盛岡中学の同級生で親友の間柄であったという。先生と奥さまは三歳違いだが、お二人は中学校（下小路中学）と高校（盛岡一高）が同じで、初めての出会いは中学校の音楽教室。圭子夫人が一人でピアノを練習していた時に、音楽室に顔を出したのが、白線の入った新しい帽子をかぶった高校生、小田中聰樹青年だったという。その後、東大に入学した先生に遅れること三年、圭子夫人も東京の大学に進学。経緯は不詳だが、その頃圭子夫人に家庭教師のアルバイトを紹介したのが、当時、先生が教養学部入学から一年半入寮していた東大駒場寮の寮長だった経済学部の山田盛太郎ゼミの杉浦正健氏。当時の駒場寮には名だたる学生運動のリーダーたちがいたという。後に法務大臣となった杉浦氏は大臣在職時、死刑執行命令書に印を押さなかった。先生は、戦前の右翼でアジア主義者の穂積五一氏が戦後、東大前の森川町に設立した「新星学寮」でも経済学部三年の時に杉浦氏と同じ釜の飯を食ったという。一方、奥さまは河出書房に就職。その後にご結婚。

小田中先生ご夫妻の新居は、最初は間借り、後に公団住宅だったとのことだが、先生は常に書斎を確保し論文執筆にいそしんだという。徹夜での原稿執筆のお供はウイスキーの角瓶。先生が酒豪の域にあることはよく知られているが、東北大学時代の学生コンパが深更に及び、気がつけば仙台市役所前の植え込みの中、先生はきれいな星空を見上げていた、という逸話が残っている。先生ご夫婦の住まいであった東京都内の公団住宅には、偶然にも大出良知氏夫妻が住んでいたという。

■第二部■

研究者として、大学人として

小田中聰樹先生の理論活動

一　小田中聰樹先生は、一九六六年四月に第一八期司法修習生として修習を修了された後、同年同月から一九七六年三月までの一〇年間、東京都立大学法学部にて研究を営まれた。一九七六年四月に東北大学法学部へ移籍、一九九九年三月の定年退官まで、同大学法学部教授としてご活躍された。東北大学には二三年間在籍されたことになる。一九九九年四月から二〇〇六年三月の定年退職までの七年間は専修大学法学部教授を務められた。

大学を離れられてからも、先生は研究者として精力的に活動されている。最も記憶に新しいのは、『国防保安法の歴史的考察と特定秘密保護法の現代的意義』（東北大学出版会、二〇一四年）の公刊、日本国憲法九条にかかる現在の危機的状況に対する分析（「『憲法改定手続』はいかなる問題を抱えているか――その違憲性を論証する」法と民主主義二〇一六年一〇月号〔五一二号〕〔本書収録〕、「戦後日本の民主主義の底力」法と民主主義二〇一五年一月号〔四九五号〕、「最近の憲法改悪の動きと国家秘密――刑事司法改悪との絡まり」法と民主主義二〇一三年一二月号〔四八四号〕等）、そして本書でも言及されている藤田宙靖氏（東北大学名誉教授、元最高裁判事）との論争である。

二　小田中先生が東京都立大学におられた一九六六年から一九七六年は、先生が大学人そして刑事法研究者としてスタートを切った時代であると同時に、一九六九年以降の「司法の危機」の時代に重なる。先生は、刑事訴訟法と司法に関する戦前から戦後に連続する問題現象について、国家権力側による政策とこれに対抗する自由主義的改革運動の展開に着目することによって、その歴史必然性を解き明かす作業に従事され、成果を次々とモノグラフとして公表された。刑事訴訟法研究の代表作として、一九六七〜六八年に公表され、七〇年に日本刑法学会賞（一九六九年度）を受賞した「大正刑事訴訟法の歴史的意義（一）〜（四）」、右論文をも収録した『刑事訴訟法の歴史的分析』（日本評論社、一九七六年）が挙げられる。司法研究の代表作としては『現代司法の構造と思想』（日本評論社、一九七三年）がある。日本の刑事司法が糺問主義的検察官司法であることを喝破しながら、その「岩盤」に諦めたり屈したりすることなく、自らも身を投じながら抜本的改革のための担い手（運動）を見出し、権力側の歴史観・刑事司法観とは異なる、下からの民主的司法への改革を展望するという小田中理論は、この時代から、論文として、発言として、次々と花を開いてゆく。

またこの時代の共著書として、『治安と人権』（法律文化社、一九七四年）、『刑法改正入門』（労働旬報社、一九七五年）も公表された。さらに、当時最高裁に係属中、その後広島高裁に差し戻された仁保事件（一九七二年・無罪確定）や、やはり最高裁に係属中、その後最高裁で無期懲役が確定した布川事件（二〇一一年・再審無罪確定）について、人権救済・誤判救済の正当性を理論的にバックアップし（「仁保事件に関する意見書」法律時報四二巻九号〔一九七〇年、共著〕、「仁保事件判決の検討」法律時報四二巻一一号〔一九七〇年、共著〕、「布川事件の問題点について」法学セミナー二五九号〔一九七六年、共著〕、

「布川事件の最高裁決定について」法学セミナー二八三号（一九七八年、共著）。布川事件について公表は東北大学時代だが、取り組みは東京都立大学時代に遡る）、一九七五年の最高裁白鳥決定に先駆けて再審理由拡大の方途を展望し（「再審の基本性格と手続構造」法と民主主義一九七三年一一月号〔八一号。『刑事訴訟と人権の理論』に収録〕等）、また白鳥決定後は直ちに同決定の分析に取り組まれる（「再審と人権」法学セミナー二四六号（一九七五年。『誤判救済と再審』に収録））など、誤判救済・再審の問題に真っ先に向かわれ、それは小田中先生のライフテーマとなる。

三　東北大学におられた一九九九年までの二三年間に公表された単独著書は、『現代刑事訴訟法論』（勁草書房、一九七七年）、『続・現代司法の構造と思想』（日本評論社、一九八一年）、『誤判救済と再審』（日本評論社、一九八二年）、『治安政策と法の展開過程』（法律文化社、一九八二年）、『刑事訴訟と人権の理論』（成文堂、一九八三年）、『刑事訴訟法の史的構造』（有斐閣、一九八六年）、『ゼミナール刑事訴訟法（上）争点編』（有斐閣、一九八七年）、『ゼミナール刑事訴訟法（下）演習編』（有斐閣、一九八八年）、『冤罪はこうして作られる』（講談社現代新書、一九九三年）、『現代司法と刑事訴訟の改革課題』（日本評論社、一九九五年）、『五十年振りの手紙』（現代人文社、一九九九年。随想集）、『人身の自由の存在構造』（信山社出版、一九九九年）の計一二冊に及ぶ。またこの間の共編著書のうち、とりわけ『私たちの松川事件―無罪確定から二十五年　松川事件が現代に訴えるもの』（昭和出版、一九八九年）、『日本の裁判』（岩波書店、一九九五年）、『盗聴立法批判――おびやかされる市民の自由』（日本評論社、一九九七年）、『自由のない日本の裁判官』（日本評論社、一九九八年）は、先生の問題関心の所在を強く映し出している。

この間の小田中先生の研究成果は、東京都立大学時代に引き続き、同時代の権力側による反動的司法政策に真正面から向き合い、その論理と思想を読み解くと同時に、日本国憲法を導きの糸とする民主的司法改革の正当性を一貫して論じてこられた。再審・誤判問題、八〇年代の司法反動問題、「弁護人抜き裁判」法案、刑事・留置施設法案（代用監獄問題）、少年法「改正」問題、「スパイ防止」法案（国家秘密法問題）、オウムに対する破防法適用・濫用問題、盗聴立法問題、寺西判事補懲戒問題等々、息をつく暇もなく次々と繰り広げられる治安政策に対し、先生が見逃してしまったり、発言を怯んだりするという場面はなかった。その批判的分析の通奏低音には、やはり人権、民主主義、平和を徹底して擁護することへの揺るぎない確信があったようにみえる。そのような先生の姿勢や確信は、小選挙区制の導入（「小選挙区制を廃止する歴史的責任」法と民主主義一九九四年六月号〔二八八号〕等）などに対する、当時の先生による批判にも顕れている。

四　一九九九年から二〇〇六年に至る専修大学時代の単独著書は、『司法改革の思想と論理』（信山社出版、二〇〇一年）、『歴史に学び、希望を語る』（日本保育学会、二〇〇一年）、『希望としての憲法』（花伝社、二〇〇四年）の三冊である。また共編著書としては、『地方自治・司法改革』（小学館、二〇〇一年）、『盗聴法の総合的研究――「通信傍受法」と市民的自由』（日本評論社、二〇〇一年）、『えん罪入門』（日本評論社、二〇〇一年）、『構造改革批判と法の視点――規制緩和・司法改革・独占禁止法』（花伝社、二〇〇四年）が重要である。

また二〇〇六年三月の専修大学定年退職後の単独著書は、『法と権力――一九七〇～二〇〇五年』（現代人文社、二〇〇六年)、『刑事訴訟法の変動と憲法的思考』(日本評論社、二〇〇六年)、『裁判員制度を批判する』(花伝社、二〇〇八年)、『誤判救済の課題と再審の理論』(日本評論社、二〇〇八年)、『国防保安法の歴史的考察と特定秘密保護法の現代的意義』の五冊に及ぶ。

一九九〇年代中葉から現在に至る刑事立法ラッシュについて、なかんずく一見すると改革的要素を含み、是々非々の評価もありうるような、例えば裁判員法なり、取調べの録音・録画制度の導入を含む二〇一六年刑訴法等改正のような立法問題であっても、小田中先生による批判は決して緩まなかったということは、特筆すべきであろう。

五　糺問主義的検察官司法に対する改革が権力側によってネグレクトされ続けているばかりか、特定秘密保護法が成立・施行され、安保法制が成立・施行され、盗聴法が拡大・施行され、共謀罪法まで強行成立してしまった今、私たちがよりどころとしてきた日本国憲法は瓦解の淵にある。小田中先生の物の見方に学び、一人ひとりが覚悟を決めて実践する必要性はますます高まっているようにみえる。

小田中先生のような大学者にはなれなくても、御用学者や御用法曹、あるいはテクノクラートにいささかも陥ることなく、「権力に対して真実を語る」ことができるか。これは、高みから他人に対し向けるものではなく、まずは自分自身に対し問われることであろう。たとえ「権力に対して真実を語る」営みが一見少数派のようであっても、声なき人びと、虐げられた人びと、そして、将来を担う若い人びとを真に代弁するものである時、決して少数派ではないという確信が生まれる。その確信こそ、先生が、誰よりも問題状況を深刻に捉えてこられたにもかかわらず、誰よりも希望を真っ直ぐに語られ、多くの人びとを勇気づけていらっしゃった源ではないだろうか。先生が東北大学を退官されるにあたり紹介して下さった本に、エドワード・W・サイード『知識人とは何か』（平凡社ライブラリー、一九九八年、大橋洋一訳）がある。「権力に対して真実を語る」という言葉は、この本から引用した。

豊崎七絵

第1章　東京都立大学時代

1　東京都立大学へ――その経緯

――先生は司法修習修了後に東京都立大学に行かれますが、その経緯はどのようなものだったのでしょうか。

小田中　一九六六年四月で修習が修了する時に東京都立大学に来ないかという話がありました。これは利谷信義先生、清水誠先生、江藤价泰先生、隅野隆徳君、あと誰だったかなあ……。

利谷先生のご自宅に呼ばれたのです。そこにおられたのは江藤先生、清水先生でした。そこで、東京都立大学に来ないかと言われたのです。私はお二人に、「研究者に必要な資質と能力は何でしょうか」とお訊ねしました。その時の江藤先生のお答えは、「ぼくでも研究者になっているのだから……」。ユーモア溢れる素直なお答えでした。そのお答えを聞いて、私でも研究者になれるのかと考え、東京都立大学に赴任することをほぼ決めたのです。そのあとに平野先生に相談したら、「それはいいじゃないか」とおっしゃいました。団藤先生も「いいじゃないか」と言われ、両先生が推薦して下さったのです。

私は、東京都立大学の刑法を担当しておられた内藤謙先生とは全然面識がありませんでした。初めて内藤先生の吉祥寺のお宅に会いに行った時、先生はクラシックがお好きで、広い書斎でクラシックを聴いておられました。「まあ、いいじゃないか。都立大にいらっしゃい」とおっしゃいました。

——先生は司法試験に合格して修習され、弁護士になるつもりでおられたのですが……。

小田中 そうです。ですからずいぶん悩みました。いろんな弁護士に相談しました。例えば上田誠吉先生。日教組の弁護団をやられた盛岡の高橋清一先生。それから、今ではお名前を忘れましたけど、長野の労働弁護士の方にもアドバイスを受けました。結局、上田先生のお答えは、「研究者も必要だ。研究者になれる道があるなら、それで応援してくれるのはありがたい」。そういうふうに言われました。それで私の心は決まったのです。

——ずっと弁護士になろうと思っていたところに研究者の道が現れて、そこで悩まれた。東京都立大学に声を掛けてこられたのが利谷先生だったわけですか。

小田中 誰が仕掛け人であったかは分かりませんけれど、利谷先生、清水先生、江藤先生、それから隅野君、そういう民科につながっていく路線の方々が一つ。もう一つは団藤先生、平野先生、内藤先生という東大系統の方々。この両方がどこかで一致したのですね（笑）。ですから、大変ありがたいと思います。

——司法修習を終えられてすぐ東京都立大学の講師になられていますよね。そういうタイミングだから研究者のほうに行ったのかなと思ったのですが、もしすぐこういう就職のお話がなかったらどうされていましたか。

小田中　就職の話がなかったら、弁護士になったでしょうね。その意味では、人生って分かりませんね。そもそも弁護士になろうと思って法学を始めたわけですから。

――弁護士になっていたとしたら、刑事弁護士でしょうか。それとも、労働弁護士でしょうか。

小田中　労働弁護士です。

――上田先生のサジェスチョンとも関連しますが、先生は実践と理論とをつなぐということを意識されて研究者になられたのでしょうか。研究者として実践と理論をつなぐという問題意識はどこから芽生えたのでしょうか。

小田中　ちょっと説明が難しいのですが、つまり私にとっては同じことなのです。人間としてやるべきことは同じことだと思いました。弁護士になってやるべきこと、研究者になってやるべきこと、それから何の職業についても、例えば農協なら農協でやるべきことは同じだということです。人権を守ることは、研究者になるにせよ、弁護士になるにせよ、同じくやるべきことです。だから私は、必ず研究者になりたいとか、弁護士になりたいとか、そういう発想はありませんでした。

2　大出良知氏との共同研究

――東京都立大学時代には、大出良知さんとの関係でいろいろな出来事があった、と先生はおっしゃっていました。印象に残っておられる出来事で何かありましたら、お聞きできたらと思います。

小田中　大出君は、もともと法社会学を専攻したいと希望され、利谷先生に師事したいと思っておられたのです。法社会学的観点から誤判の問題をやりたいというのが、彼の本当の気持ちだった。経緯については忘れましたが、私のところに相談があった。誤判をやりながら刑訴法という道もあるのではないかというのが私の答えでした。大出君は、「ああ、そうか」と、刑訴法をやることになりました。

――大出さんの大学院時代はちょうど司法反動の時期にも重なるわけですよね。大出さんご自身は司法問題について昔からだいぶ取り組んでおられて、先生がいろいろなことがあったとおっしゃったことの中に、司法反動をめぐる動きの中で大出さんと一緒に活動されたとか、あるいは冤罪問題での取り組みについて大出さんとやられたとか、そんなことがおありだったのでしょうか。

小田中 彼は学生時代には冤罪問題に、特に松山事件に関心を持っていました。松山事件については、彼も調べたりしていましたが、司法反動については、学生だったこともあったと思いますけれど、そんなに活発にはやっていませんでした。当時は江藤价泰先生、清水誠先生、利谷信義先生がおられて、主としてこの三先生と私など学者は活動していましたが、大出君は、日民協（日本民主法律家協会）の集会に出てくるとか、青法協の集会に出てくるとか、特にそういうことはなかったと思います。

――先生は東京都立大学時代に再審制度研究会を発足させましたが、その事務局はずっと大出さんがやられたのですよね。

小田中 そうです。「再審問題＝誤判問題」について、大出君は若い時から法社会学的な観点から関心を持っていて、刑訴法にはいわば私が引っ張り込んだ形になります。

その頃私は毎日、法務図書館に通ってましたが、ある時、たまたまシューネマンの論文が見つかって、二人で訳したことがあります。再審制度というテーマで行った日本刑法学会の第四七回大会（一九七三年）に間に合うように大至急、日民協にお願いして『法と民主主義』に載せてもらいました。

――ドイツの全刑法雑誌（ZStW）八四巻（一九七三年）に掲載されたシューネマンの論文ですね。

小田中　最初は抄訳の形でしたが、後で大出君が全訳（大出良知「ノバによる刑事再審と『疑わしきは被告人の利益に』の原則（一・二完）」判例タイムズ三二八号・三二九号〔一九七六年〕）してくれました。抄訳は法と民主主義一九七三年一一月号（小田中聰樹・大出良知「文献紹介・シェネーマン『再審と〝疑わしきは被告人の利益に〟の原則』」八二号）に載せました。とにかく抄訳を団藤先生に届けたのです。だから団藤先生はあの論文を読んで、「疑わしきは被告人の利益に」の原則が再審にも適用されるべきだという趣旨の「白鳥決定」を出された可能性があるのかもしれません。

3　論文集――沼田稲次郎先生のサジェスチョン

――先生の論文数は一〇〇〇本以上になりますね。正確には数えていないのですが。

小田中　いや、何ていうのか、書くことが好きだから。でも、オリジナリティが本当にあるのは何本あるのでしょうかね。

――いや、それは全部だと思います（笑）。先生の場合、真似できないのは、書かれた論文をまとめると自然に本になることです。

小田中　ええ。

――あれがどうしたらできるのか（笑）。私たちには真似できないですね。

小田中　私が東京都立大学に行った時、沼田稲次郎先生という天下に名高い学者（労働法・法哲学）がおられました。赴任直後に沼田先生にご挨拶にうかがった時、「小田中君、きみはすぐ東大に帰るのではないだろうね」って、まずそう一喝されました。私は「いや、帰りません」。次の言葉が、「きみ、論文は必ず本にしなきゃ駄目だよ。何本か書いたら一冊の本になるように体系的に書きなさい」でした。その教えがあったのです。私はなるほどと思いました。沼田先生もご著書は多いですけれど。

——そうですね。

小田中「必ず何年かに一度は本を出す。そういう体系的な思考を常に頭の中に持っておきなさい」。そう沼田先生に教えられた。本当にありがたい助言でした。

——それを聞いていても、私たちはそう書けない（笑）。

小田中　いやいや。ただ、私が一つだけ残念だと思うのは、教科書を書かなかったことですね。これはできなかった。「無罪判決請求権」を核にした刑訴法理論が、どうしても体系的にうまく展開できなかった。それは私の能力が不足していたからです。

——**白取**　司法試験の予備校で、先生、お話しされたことがありますよね。

小田中　ええ。

——**白取**　それを昔、受験生から借りて全部聴いたことがあって、あれをテープ起こししたら口述刑事訴訟法になったのではないかと思ったことがあるのですが、非常に客観的に刑事訴訟法を整理してお話しされたものでした。

小田中　講義は、毎年ノートを書き替えて行っていましたけれど、平野先生、団藤先生を超える理論を作るのは、私にとってはなかなか大きな壁でした。「弾劾的捜査観」とは次元の違う、無罪判決請求権を中核とした刑訴法の体系を作ることは私の能力ではできませんでした。私がいろんなことに手を出し過ぎたこともありますが、能力が不足していたということです。

4 「大正刑事訴訟法の歴史的意義」

――先生は、東京都立大学には、一九六六年四月から七六年三月までの一〇年間在職されておられます。東京都立大学時代に先生が執筆された論文が「大正刑事訴訟法の歴史的意義（一）～（四）」ですが、そのあたりからお話をうかがいたいと思います。あの論文は一九七四（昭和四九）年度の日本刑法学会賞を受賞されていますね。あの論文の執筆のきっかけは、東京都立大学で清水誠先生から聴取書のことを尋ねられたことだと、先生ご自身が書かれています。私たちの目から見ると、先生は修士論文でドイツの一九二〇年草案について書かれていて、そうすると予審の弾劾化とか直接主義の問題につきあたるので、そういう問題が大正刑事訴訟法の研究につながっていったのかなというようにも感じています。

小田中　私は東京都立大学に行って、最初はドイツ法を専攻しようと思ってドイツの証拠能力の問題を研究しようとしたのです。その資料を集めている時、清水先生、それから升味準之輔先生という政治学者がおられますが、このお二人と私の三人で同じ大部屋でした。

清水先生は『岩波講座現代法　第六――現代の法律家』（潮見俊隆編、岩波書店、一九六六年）で、

日本の法律家を分析した優れた論文「戦前の日本社会と法律家——戦前の法律家についての一考察」を書いておられました。それで、清水先生が、日本には聴取書というものがあるけれど、これはどういうものか、と私に質問されたのです。私は全然知らなくて、恥ずかしいなと思い、『法律新聞』をよく読んでみると、聴取書の問題がいろいろと出ていました。清水先生は私に、聴取書問題を調べてはどうかということを暗に示唆して下さったのです。それで、大正刑事訴訟法の制定過程についての資料がどこかにないだろうか、あるとすれば法務図書館だろうと思って図書館へ行ったら、倉庫の中に、風呂敷包みのようなものにまとまった形でかなり資料が出てきたのです。それが一つ。

もう一つとしては、大正刑訴法制定過程には平沼騏一郎氏が関与していることが分かったのです。平沼氏の文庫が東京の新宿にありました。

——それは区立図書館か何かですか。

小田中　いやいや、私蔵です。そこに平沼氏が原案に筆で朱筆を入れたものがあったのです。とりあえず法務図書館にある資料をまず読んで、朱筆のほうは借り出せないので手書きでノートをとりました。

——その平沼資料はどなたかが私的に保管されていたものなのですか。

小田中　平沼氏の息子さんが持っておられた。何文庫と言ったかな。新宿の花園神社があるでしょう。あそこの近くです。

——それは今でもあるのですか。

小田中　あると思います。たしか田中輝和さんがその後、見に行ったと聞いています。平沼氏は独身だったのではないかな。平沼氏は養子をとって、その息子さんは政治家になりましたね。

その文書自体も何らかの形で残っていると思います。今から何年前かに、田中さんが田中さんなりの観点で聴取書のことを勉強したいと思って、見に行ったと言っておられました。（注：平沼騏一郎関係文書は、一九八九年三月および九〇年三月、財団法人無窮会から国立国会図書館に譲渡された。現在は同図書館の憲政資料として所蔵されており、マイクロフィルムでの閲覧が可能である。）

――先生は、聴取書問題から、さらに大正刑事訴訟法全体の構造的把握へと研究を発展させていかれたということでしょうか。

小田中　そうです。

――ドイツの一九二〇年草案と大正刑訴法が結び付いていくという構想を、当初から持っていたわけではなかったということでしょうか。

小田中　一九二〇年草案を勉強している時期に、『法律新聞』にも一九二〇年草案についていろいろな人が書いていますし、『法学協会雑誌』に小野清一郎先生も書かれておられます。それで同じ時代の二つの草案がドッキングしたわけです。

――大正刑事訴訟法はリベラルな性格の強いものだったという理解が、当時は通説的理解だったように思いますが、先生はアンチテーゼを立てられて、それとは異なった性格付けをされましたね。

小田中　初めからそうだったというわけではありません。方法論として伝統的には小野先生のような見方があって、大正刑事訴訟法というのは明治刑事訴訟法との対比でみれば、わりにリベラルな性格、本質がある。しかし、他方において必ずしもそうではないという結論に、私自身は資料を調べてそう思いました。だから、初めから予断を持ってやったわけではなくて、資料を見てからです。

どうしてそういう見方をするようになったかというと、沼田稲次郎先生が労働法を研究する時の手法として、「人民の運動と権力の運動との対抗関係を重視して、そのせめぎ合いの中で法律が作られていく」という見方を一貫して取られておられました。私はそれに非常に感銘して、刑訴法でもそれができないかと思いました。刑訴法も、やはり権力とそれに抗する国民・人民の闘いの結節点であり、それが刑訴法という法律である。どちらの面を持つかは、その闘いの強度、せめぎ合いの中で決まる。

そのようなことを沼田先生から直接教わったわけではないけれど、先生の論文を通じて教えられました。それであのような論文を書きました。調べてみると、いろいろな運動が弁護士の中にあって、もっともっとリベラルなものを作りたいという運動が、闘いがあったのです。

――先生の論文によって、高木益太郎らの「犯罪捜査に関する法律案」などの歴史的意義が明らかにされました。先生が東京都立大学に行かれたことが、この論文を生み出す背景要因となっているわけですね。

小田中　そうですね。東京都立大学に行かなければ、あの論文はできなかったでしょう。清水先生がいらしたこと、それから沼田先生がいらしたこと、この二つは大きかった。

――先生が沼田先生から学ばれた方法論は、先生の戦後刑事訴訟法史の分析にも生かされているように思います。

小田中　そうです。私は沼田先生の本はほとんど全部読みました。先生の論文から学んだことは非常に大きかったです。大げさに言えば、平野先生や団藤先生とは全く別の世界がある。これは私の経済学部時代に学んだマルクス主義的な考え方と相通ずるものがあるということを知りました。

――先生は大正刑事訴訟法の歴史的な性格を解明されたわけですが、それは昭和刑事訴訟法の歴史的性格付けでもあったように思います。先生は、大正刑事訴訟法の糺問主義的検察官司法の再編の側面を昭和刑事訴訟法に見出された。だから、大正刑事訴訟法の歴史的分析であり、同時に昭和刑事訴訟法の歴史的分析になっているという気がします。

小田中　糺問主義的検察官司法という歴史的・法律的規定を私が施してみると、それが昭和刑訴法にもつながる。それが戦前、戦中、そして戦後の刑訴法につながっていくわけです。そこに一貫して流れているのは検察官司法という、そういう核なのです。その核に対して、平野先生は当事者主義という刑訴法構造論で対抗しようとされた。私は、もっと端的に糺問主義的検察官司法というものを打破しなければいけないという考え方になったと思います。

5　松尾理論と田宮理論

――先生が提起された糺問主義的検察官司法という歴史的性格付けに対しては、明確には異論は出されていないように思います。松尾浩也先生も論文の中で、先生の大正刑事訴訟法の歴史的分析について学界の共有財になっていると指摘されておられますが、しかし、松尾先生ご自身はそういう性格付けはされていません。日本の刑事司法は精密司法という点に戦前以来の基盤を見出されるわけですから、そこに先生の理解との相違が出ているという気がします。先生の目から見て、この点はどうなのでしょうか。

小田中　どう言ったらいいでしょうか。田宮裕先生は、平野先生の言う弾劾的捜査観というものをアメリカの司法に依拠しながらずいぶん推し進めました。でも松尾先生は、最初からちょっとスタンスが違っていました。ある意味で二面性をきちんと見るべきだという立場でした。日本の裁判や検察にも弾劾的司法という性格・本質があるのだけれど、割り切れないもう一つの性格・本質があると考えられていました。そしてご自分の中でそれがだんだん肥大化し、自己増殖していって、最後は精密司法論に辿り着かれた。そして結局、法務省の顧問になるという道を歩まれた。最初はちょっとした違いですが、だんだん亀裂が深まったのではないでしょうか。松尾先生は非常に良心的な方ですが、誤判の問題に本気で対決しなかった。田宮先生は対決した。だから田宮先生は最後まで再審制研究会に来られた。皆勤だったでしょう。松尾先生は途中で来られなくなった。そこが違います。

――　鴨良弼編『刑事再審の研究』（成文堂、一九八〇年）の最終章は松尾論文で、「真実一路の旅など」というフレーズが印象的でした。微妙なトーンの論文だったと理解していますがいかがでしょうか。

小田中　そうです。真実ということは、もちろん私たちも真実を追究するわけですが、どう言えばいいのかな。弁護人と検察官とが闘って、最後には人民の力に依拠して勝訴し、そのことによって真実が明らかになるというのが私の発想です。しかし松尾先生は、裁判官の賢明さに信頼し、裁判官の権力によって真実というものが明らかになると考えられていると思います。となると、やはり裁判官司法になるわけです。

そういうふうにだんだん分かれたのではないでしょうか。しかし、田宮先生は松尾先生との溝を何とか埋めようと最後まで努力されました。

―― 田宮先生の「二重の課題論」と松尾先生の「逆説的調和論」は響き合っているように思います。現代的刑事立法を正当化する点に共通性があり、近づいてきているようにみえます。

小田中　それは田宮先生の悲劇だと思います。ある意味で、田宮先生のほうが松尾先生に歩み寄ったのでしょう。

―― 松尾先生は田宮先生とお二人で『刑事訴訟法の基礎知識――質問と解答』（有斐閣双書、一九六六年）を書かれました。当時は、お二人は相当近いところにいらっしゃったという記憶があります。それが、松尾先生は戦前との断絶よりは連続性を強調するような論文を書かれ、今お話があったようにだんだん離れていった。これは松尾先生が東大教授でいらっしゃって、政治的な立場というか、法務省と近い立場で徐々に体制寄りに行っているように私からは見えました。田宮先生はそういう点で少し距離があったのかなと思ったのですが。

小田中　私もそう思います。田宮先生は、法務省べったりにはなりたくなかったのでしょう。弁護士層は田宮理論というものに依拠してずいぶん助けられました。私も田宮先生の理論を勉強しましたし、弁護士のほうも勉強しましたが、田宮先生のお気持ちとしては、死ぬ間際に、ついに自分の理論が司法全体、刑事司法を壊し変革することができなかったというお気持ちがあったのではないでしょうか。悲劇だと思います。

―― 田宮先生の立場について今、先生は悲劇とおっしゃいました。もともとの田宮先生のデュー・プロセス論というのは相当徹底したものでしたが、次第に教科書でも少しソフトになられて、最後は、先ほどの「二重の課題論」の近代化、現代化もそうですが、さらにソフトになられた。なぜかといった時に一つの仮説として、私が言ったわけではないけれど、田宮先生の実務に対する影響力が大きくなりました。それを慮って少し遠慮されたというふうな話を聞いたことがあります。もともとの、ある意味徹底したデュー・プロセス論をおっしゃっていたのが、なぜ後退したのかとつねづね思っています。

小田中　司法反動があったり、その他の司法改革があったりして、実務が田宮先生の理論のとおりにはいかなかったのです。最後には一種のあきらめだったのではないでしょうか。日本の司法の岩盤は、松尾先生の言われるようになかなか固いなと思われたのではないでしょうか。だから田宮先生は、力及ばず、無念だったろうと思います。

なぜそういう気持ちになるかといえば、被告人や弁護人、それらを支える救援活動とか、そういうものに対する信頼というような発想が、田宮先生の中では絶望というか、あきらめのようなものに変質してしまったのではないでしょうか。その絶望の仕方も、田宮先生は頭のいい人ですから、何とか折衷しながら、絶望ではないけれど、どこかで修正してでも自分の理論を通したかった、と思います。田宮先生にもう少し寿命があって川崎英明さんや白取祐司さんたちと一緒にもっと活動していれば、田宮先生は変わったのではないか、また再復帰したのではないか。先生が亡くなった時に何かにそう書いた記憶があります。

——田宮先生の晩年の論文では、刑事弁護に対して、山が動くというふうに強い期待を表明する一方で、ツー・トラックというか、捜査・訴追も防御も調和的にとも言われました。そこには、少しぶれがみられたように思います。

小田中　私もそう思います。それは悲劇だと思いました。

――先生は松尾先生、田宮先生と時代が大きく重なっています。司法反動の頃、そういう問題についてお二人がどういうお考えを持っていたとか、何か気がつかれたことはありますか。

小田中　例えば弁護人抜き裁判の問題がありましたね。あの時は松尾先生も頑張られたのです。だから、松尾先生はある意味で分かりにくいところがあります。非常に良心的で、弁護人抜き裁判には反対した。しかし、最後には法務省の顧問になって、刑事司法改革には積極的に賛成する。刑事司法改革についても適当なところで折り合ったらどうかと考えられる。どう言えばいいのかな、松尾先生の頭の中というのは、ある意味でリジットではなくて広いのでしょう。頭脳と理論とのキャパシティが広いのではないでしょうか。

田宮さんの場合には、もう少し純粋というか一本気なところがあって、それにもかかわらず現実が動いていないということで悩まれて、どこかに依拠すべきものを求めるけれど、なかなか見つからない。それで最後には松尾理論のほうに近寄っていかれたのではないかと思います。

――弁護人抜き裁判は一九七九年の頃でしたでしょうか。あの時は松尾先生や田宮先生、そして鈴木茂嗣先生と井戸田侃先生が反対意見書を出されたと記憶しています。法務省の立法案に対して批判のスタンスをとられたわけですね。

小田中　そうだと思います。弁護人抜き裁判の場合には、日本評論社の会議室で何回か四～五人で議論しましたが、その時には松尾先生ははっきりと反対論を打ち出されました。先生はそれに躊躇しなかったですね。

6　担い手論をめぐって――平野理論など

――司法反動の時に松尾先生の発言はあまりないですよね。松尾先生はどう見ておられたのでしょうか。

小田中　司法反動といっても何期かあります。第一期の宮本康昭さんの頃（注：一九七一年、最高裁が宮本裁判官の再任を拒否）には松尾先生の発言はないですよね。田宮先生も発言していません。平野先生も発言しなかった。団藤先生も発言しなかった。

――それはどういうことだったのでしょうか。あれほどの問題ですので、意図的に発言を控えられたのではないかという気がします。

小田中　どうしてでしょうか。聞いたことはありません。

――先生はどのように推測されるのでしょうか。権力とのスタンスの問題なのか、あるいは青法協に対するスタンスの問題なのか。平野先生ご自身もかつては青法協に入っておられました。

小田中　入っておられました、創立メンバーです。団藤先生はそうではなかったけれど。

――時期が正確かどうか分かりませんが、当時、そういう政治的な動きが強い時に田宮先生が刑事司法の純化論を主張されて、小田中先生はそれを批判する論文を書かれました。

小田中　刑事手続純化論ですね。

――はい。

小田中　東大闘争の後ですね。

―― ああいう発想というか、田宮先生が心底からお考えだったかは別にして、学者の役割として口を出すべきではないというようなことだったのかなと思ったのですが、先生は純化論に対して批判する論文を書かれています。

小田中　先ほどから言っているように、団藤先生にせよ、平野先生にせよ、松尾先生にせよ、裁判官に対する信頼が非常に強かったように思います。ご承知のように戦後、新刑訴法ができて裁判官の中にもリベラルな裁判官がたくさんおられ、新刑訴派と呼ばれました。岸盛一判事、彼などもそうでした。団藤先生にしても、平野先生にしても、田宮先生にしても、そういうリベラルな裁判官に対する信頼が非常に強かったのではないか。だから、裁判官を批判するという発想が最後までなかったのではないでしょうか。

―― そうですね。そこが分かれ目だったのかもしれません。

小田中　いわゆる弾劾的捜査観で、刑事手続の中では検察官に対して弁護人の意見とか被告人の権利を守らなければいけないという立場があっても、それでも裁判官に対する批判には行かない。そういうところが四方（団藤、平野、松尾、田宮の諸先生）にはあったのでしょう。

―― 例えば、松川裁判で平野先生が裁判批判に対して批判的スタンスをとっていたところとつながるのでしょうか。

小田中　平野先生は、松川裁判については徹底して有罪説でした。これはもう抜き難いものでした。だから誤判について平野先生は、裁判官を信頼するという立場で、誤判というものはめったにあり得ないというお考えだったと思います。

――平野先生、田宮先生、松尾先生たちは、今の東大の先生もそうですが、実際の再審や誤判について基本的に発言されません。

小田中　そうですね。

――そのことと裁判官への信頼はリンクしていると考えてよろしいですか。

小田中　リンクしていると思います。そこでその三人の先生は、一方では刑訴法理論上は弾劾的捜査観とかそういう理論をお使いになりますが、他方では裁判官に対する信頼を中心とした弾劾的捜査観であったと思います。私が糺問主義的検察官司法とあえて言うのは、糺問的検察官司法について、検察官の規制は勿論のこと、裁判官も弁護人もその権力的要素を規制すべきだという考えに基づくものでした。しかし、平野先生の場合にも、あるいは田宮先生、松尾先生、団藤先生の場合にも、裁判官に対する信頼が基礎にあったのは紛れもないことです。

ただ、その後、団藤先生は裁判官になられました。その時に、自分が裁判官になっても良心を貫く。裁判官としての良心と学者としての良心は楕円形のようなもので二つの核がある。その二つの核がなるべく接近するように統一したい。しかし、できない場合もある。そういう立場を宣言されて最高裁に入られた。でも、再審の問題、特に白鳥決定であいう決定を出された。やはり誤判というものの、その恐ろしさを先生は白鳥事件で知ったと思います。そこがちょっと違う。

――団藤先生が白鳥決定を出されたことと、裁判官信頼論がどう結びつくのだろうかと考えながら、先ほどのお話を聞いていました。あの白鳥決定は、裁判官としての良心と学者としての良心がものすごく接近した状態の中での決定だったと思うのですが。

小田中　そうだと思います。その意味で、団藤先生は最後には学者としての良心に限りなく接近して、しかも誤判を救うという強いお気持ちがあったのではないでしょうか。

7　『現代司法の構造と思想』と司法反動、青法協のことなど

――　先生の『刑事訴訟法の歴史的分析』の刊行は一九七六年ですが、その前の七三年に最初の著作『現代司法の構造と思想』を刊行され、八一年に『続・現代司法の構造と思想』が刊行されています。『現代司法の構造と思想』は、まさに司法反動の時代に、その渦中で執筆された論文で構成されたものですね。当時、この著書で、司法反動の本質とはこういうものだということを学ばせていただきましたが、この著書にかけた先生の思いはどのようなものだったのでしょうか。

小田中　私はいつ青法協の議長になりましたか。

――　一九七二年です。議長になられた翌年の七三年に『現代司法の構造と思想』を刊行されています。

小田中　私は修習生時代に青法協に入会して、そこで第一八期の司法修習生部会議長をやりました。先ほども申し上げましたが、出所ではなくて（笑）、修習生を修了した時に偉そうなことを言ったわけです。

――　第一八期司法修習生青法協の機関誌の座談会で、でしたね。

小田中　あの座談会で、裁判官というものは権力から金をもらって、いわば権力に身を売る。しかし、権力に全てを売ってはいけない。このようなことを偉そうに言いました。

この発言は私の心の中に非常に深く残っていました。自分が学者になった時、裁判官が良心的であるためには学者、文化人、救援の会、さまざまな力がなければ裁判官の良心は守れない、と考えました。

たまたま鷲野忠雄先生（弁護士）が青法協全体（裁判官部会、弁学合同部会、修習生部会）の事務局長をやっておられ、佐々木秀典先生（弁護士）が青法協常任委員会の議長をやっておられました。宮本事件（宮本康昭裁判官再任拒否事件）が起きて、福島訴追事件（平賀健太札幌地裁所長書簡事件にかかる福島重雄札幌地裁裁判長訴追）が起こり、そういう状況の中で青法協全体の議長が必要ではないかということになりました。組織変えをしたのです。その時、裁判官部会は独立しました。そういう状況の中で全体の議長になってくれという委嘱が佐々木議長や鷲野事務局長からあったのです。私は先ほど言ったような考えでしたから、私のごとき若輩が全体の議長をやるのはおこがましいのですが、あえてお引き受けしました。

あの頃は毎日集会があり、集会から帰って論文を書き、講演があれば講演をしてというふうでした。司法反動と名付けたのは私ではないのです。革新陣営はこの一連の動きを司法反動と規定して、これを闘う対象に据え、憲法問題の大きな一環であるというように位置付けました。私は全力投球で何年間か動きました。

——青法協は当時、裁判官部会があり、修習生部会と弁学合同部会があった。先生は裁判官部会も含めた青法協全体の議長だったわけですね。

小田中　そうです。

——先生の前の議長は佐々木さんだったのですか。

小田中　弁・学部会の議長でした。

――全体の議長は先生が初代だったということでしょうか。

小田中　そうです。裁判官部会を独立的なものにするために三部制にしたわけです。その全体をまとめる、全体を統括する議長が必要になり、私にやれ、ということになりました。次の全体議長は、隅野隆徳氏、牛山積氏が引き受けて下さいました。

――あの時代の状況では、議長となり得た人は先生をおいてほかになかったように思いますが……。

小田中　いやいや、そうは思いませんが、何と言いますか、頼まれて引き受けたのです。先ほど言いましたように、大きな口をきいて修習生を修了したわけですから、自分の言ったことに責任を持つべきであり、やらなければいけないと思いました。

――『現代司法の構造と思想』をあの時代に出されたのは、依頼されてというよりも、先生ご自身がこの時期に出そうと考えられたのですか。

小田中　当時、名島レイ子さんという方が日本評論社に編集者としておられました。私が名島さんに頼んだのです。そしたら名島さんが出版を引き受けて下さった。

――あの時代に出すのにふさわしい本だったと思います。

小田中　ああいう本を刑事訴訟法学者が出していいのかどうか。これは評価が分かれると思いますが、私としては司法反動を批判する理論を記した書物を出さざるを得ないというか、出すべきだと思ってとめました。

――**川崎**　私はちょうど大学院に入った時でしたから一生懸命読みました。

――**白取**　刑訴法学者というよりも法学部生として、学生時代に『法学セミナー』などの雑誌に先生の講演録が時々出ていまして、その時にまず読んで私は感銘を受けたのを覚えています。誰かが言わなければそういう状況は伝わりませんから、貴重な発信源というか、若いわれわれに伝わるには先生のような方がああいう形でなさったことの意味は大きいと思います。

小田中　ありがとうございます。

――時代的に考えてあの本はかなり反響があったのではないですか。

小田中　あの本の反響は大きかったと思います。私はあの本について決して出来がいいとは思いませんが、いくらかでも司法の動向、司法の反動が単に裁判官に向けられた攻撃だけではなくて、その背後には憲法に対する攻撃でもあったわけですから、その全体像をなるべく書こうと思いました。あの本の題名は、打ち明け話を言えば、教育学者の堀尾輝久先生の『現代教育の思想と構造――国民教育権と教育の自由の確立のために』（岩波書店、一九七一年）から借用したものです。

――そうなんですか（笑）。初めて聞きました。ぴったりの名称です。

小田中　堀尾先生に感謝しなくては、と今でも思っています。

――ああいう硬い内容ではありましたが、あの本はかなり部数が出たのではないですか。

小田中　あの本は二刷ぐらいではなかったかな。

――あの時代は『法学セミナー』も『法律時報』も、この本と同じように司法反動を取り扱っており、注目度は高かった時期です。第四刷までいきました。ところで、守屋克彦先生と出会われたのはその時期ですか。

小田中　守屋さんは当時、青法協の裁判官部会のチーフのような立場におられたのではないでしょうか。東京家裁におられました。私は司法修習生時代に守屋さんの部に配属され、そこで守屋さんに会いました。

――その時が初対面だったのですか。

小田中　もちろん初対面。私は、修習生の時に、彼の少年審判を見て修習しました。しばらくして司法反動の動きがあって、一九七〇年七月に青法協は部会制をとりました。私は一九七二年に全体議長になり、その時の全体の連絡会議に裁判官部会を代表して来られたのが守屋さんでした。それで私は、ああ、家裁の修習の時の守屋先生だと思いました。私にとっては先生です。

――奇縁ですね。

小田中　奇縁です。守屋さんはそれから間もなく人事で干されて、当時はいろいろ苦しい立場でおられたわけです。こんなことを言っていいかどうか分からないけれど、孤立感があったと思います。その時代は仙台に来られて私と一杯飲みました。彼は強いですから、ずいぶん飲みました。

――先生もお強い（笑）。

小田中　いやいや、彼も強い。ですから、守屋さんとは本当に長い付き合いです。

――東京時代からずっとですね。

小田中　ええ。守屋さんは真面目な人でしょう。宮本康昭さんも素晴らしく頭のいい人で、東京で何度もお会いしました。宮本さんってどこか飄々としたところがあって、何と表現すればいいか分からないけれど、心に余裕がある方です。あの司法反動の時期に彼は屈しなかったでしょう。悲壮感はあるけれど、彼には心の余裕があったのです。私は我妻榮先生と『日本政治裁判史録』（我妻榮編集代表、第一法規出版、全五巻、一九六六〜七〇年）という本でご一緒しました。我妻先生が編集委員の一人で、私も執筆者の一人でしたので、それで存じ上げておりました。宮本さんが再任を拒否された時、九州から東京の最高裁に行って、なぜ自分を再任拒否したかということを問いただしたのです。そういう姿を見ると本当に気の毒だということを我妻先生が私に言われたことがあります。

宮本さんは、心に余裕があったからこそ屈しなかったのです。

守屋さんは生真面目でした。当時から冗談を一つも言わない。ただし、趣味の幅は広い。能もやるし、スキーもやるし、囲碁は何段というほどの腕前。囲碁は鴨良弼先生から伝授されたものと思います。鴨先生は木谷實門下ですから。

―― そうですか。

小田中　守屋さんはその木谷門下生を破った。そのぐらい強い。

―― 宮本先生は、再任拒否された当時は、熊本地裁ですよね。その時期に東京で会われたのですか。

小田中　会いました。彼は再任拒否された後に二年間熊本で簡裁判事になられましたが、その後、弁護士になられ、東京に出てくるのです。その時に住居を提供したのは誰だと思いますか。

―― 渡辺洋三先生ではないですか。そう聞いたことがあります。

小田中　そう、渡辺先生でした。渡辺先生が私に声をかけて下さり、先生のお宅で宮本さんに会わせて下さったのです。その時に初めて宮本さんに会いました。その以前に、私は宮本さんの再任拒否反対の署名運動のお手伝いをして全国七一五名の法学者の署名を集めました。（注：「司法問題に関する法学者の声明」法律時報四三巻六号、八二頁、一九七一年。）

そして、その直後、退官すべきではない、と宮本さんに電話をかけたのです。その時に初めて会話しました。その後、渡辺先生のお宅で実際に会ったわけです。非常に心の広い、ちょっとユーモラスなお話をされる、大人物です。

――宮本先生は、当時、紅顔の美青年というイメージでした。年配になられてからお会いした時の印象では、そういうイメージを感じませんでした。

小田中　厳しいお顔になられましたね。

宮本さんも、あの人にはあの人のご苦労があったと思います。司法改革、司法反動の頃は非常に若くて筋を曲げない人でしたが、その後、いわゆる「中坊司法改革」のブレーンになるわけです。その時が宮本さんの岐路だったのではないでしょうか。宮本さんはそれで司法がよくなると思われたのでしょう。私は宮本さんと『世界』二〇〇〇年三月号で、座談会（小田中聰樹・宮本康昭・枝野幸男「いまなぜ司法改革なのか」第六七二号）をやったことがありますが、考え方がちょっと違っていました。宮本さんは司法改革推進の立場に立っておられました。

――先ほど少しお話しされましたが、司法反動の時期は集会等があり、雑誌には毎月のように論文を掲載されたりと、極めて忙しい時期だったのではないですか。

小田中　毎日書いていました。

――華の三〇代ですよね。

小田中　華の？（笑）。幸いにして健康だったし、家内も文句を言いませんでしたから（笑）。

8　司法反動に対するスタンス

――今だから話せるというような、司法反動をめぐるお話はありますか。いろいろな出来事があったと思いますが。

小田中　私は、自分の書いた論文に対してクレームを受けたことは一度もありません。他の方からみれば、どんなに過激なことを書いたつもりでも、不思議なことに右翼とか警察、あるいはどこかの団体からクレームを受けたことがありません。その意味でエピソードはないのです（笑）。

――司法反動の問題は右翼も絡んでいて政治問題でしたね。先生は青法協の議長でしたから、例えば公安関係の尾行が付くとか、そういうこともあり得たように思います。

小田中　そう思います。現に学者ではそういう目に遭った方もおられますが、私は一度も遭ったことがないのです。ラッキーとしか言いようがない。ですから、警察や検察、裁判官の批判をずいぶん書きましたが、残念ながらエピソードはありません。

――先生が気づかなかっただけで後ろに尾行が付いていたとか、当時だったら、あり得たのではないかという気がします。

小田中　心配してくれる人はいました。しかし、私はそうならないように先手を打って批判を封じ込めるような論理展開をしておけば、それが安全弁だと思いました。ですから、書く時には筆は走るけれど、かなり慎重でした。司法反動では、はっきり書くと右翼の攻撃がありましたからね。でも右翼だということも書いたし、実名も挙げたり、平賀書簡事件とか、訴追委員会の議事録とかを特殊なルートで入手して、それを雑誌や本に載せました。でもクレームはつけられませんでした。真実にはクレームはつけられないのでしょう。

――当時の資料などはきちんと整理して残しておられるのですか。

小田中　当時はね。

――司法反動の時に青法協のほかにも闘っている団体、民科法律部会とか、自由法曹団とか、いろいろありました。先生は、基本的に青法協を基盤にして活動されていたのですか。

小田中　自由法曹団にはたびたび呼ばれて講演をしたり、座談会をしたり、そういう接触は深くありました。それから日民協です。利谷先生が当時、日民協の理事をしておられて、先生の薦めで私も日民協に入り、司法研究集会の第二回から第一〇回ぐらいまで毎回、基調報告を学者と弁護士とで共同討論し、分担して書きました。その過程で、松井康浩先生とか小田成光先生とか、さまざまな優れた弁護士にお会いしました。

――刑法学会はこの司法反動については無言でした。たぶん共同研究のテーマにも出てこなかったでしょうし。

小田中　やりませんでした。学会のテーマに取り上げようと要求したことはありません。

――例えば、刑事裁判官論というようなテーマ設定だったら、できなくはなかったでしょうか。

小田中　今思えば、そう思います。

――この時期は、少年法改正とか刑法改正問題とか、いろいろ悪法が提案されて、つぶれた時期でした。

小田中　そうですね。刑法改正については毎回、平野先生が刑法学会で報告されていました。先生は積極的に取り上げようとしておられました。

9　誤判・冤罪問題への取組み――仁保事件、布川事件

――仁保事件や布川事件など、誤判・冤罪問題について法学者研究会を組織して対応されたのもこの時期ではないかと思います。一九七二年六月には、仁保事件の法学者研究会が最高裁に意見書を出しています。この研究会に、先生は当初から関与されていたのですか。

小田中　松川事件の運動があって、白鳥事件の救援運動があったでしょう。一般の誤判事件で、それが市民運動として展開されたのは仁保事件が初めてではないでしょうか。吉田岩窟王事件とかさまざまな冤罪事件がありましたけれど、大衆運動にはならなかった。松川や白鳥は政治絡みでしたから、日本国民救援会も一生懸命に活動しましたから大衆運動になって大きく広がりましたが、一般の殺人事件で大衆運動になったのは、私の記憶では仁保事件が初めてだったように思います。仁保事件には小沢千鶴子さんという主婦の方が熱心でした。

――先生の著書の中にも出てきている方ですね。

小田中　ええ。小沢さんは普通の家庭の主婦で、ご主人は国鉄の技術者でした。小沢さんはクリスチャンだったのかもしれませんが、よく分かりません。けれど、小沢さんが救援運動に懸命に取り組み

ましたから、全国的な運動になっていきました。もともとあれは山口県の事件です。それが東京にも組織ができて、その中心が小沢さん。清水誠先生と小沢さんはどういうわけかつながりがあったので、東京にも運動が一気に広がっていきました。その頃は風早八十二先生もお元気でしたが、何よりも被告人の訴えが鈴木安蔵先生のところにも行きました。

―― 憲法学者の鈴木先生ですね。

小田中 ええ。鈴木先生からは、放っておけない、小田中何とかせよ、というお手紙をもらいました。それまで、私は鈴木先生と面識がありませんでしたし、もちろんお話したこともありません（笑）。偉い先生ですからびっくりしました。その時に、刑法学者では庭山英雄先生、憲法学者では星野安三郎先生や早稲田大学におられた大須賀明先生が一生懸命やって下さいました。それで、憲法学者と刑法学者との共同で仁保事件研究会を作り、意見書を書きました。

―― 研究会をやっておられたのですか。

小田中 研究会は三、四回やりました。研究会をやって、その議論を踏まえて声明文にして全国の学者に発送して、署名をもらいました。何名集まったかな。一〇〇名ぐらいにはなったと記憶しています。（注：「仁保事件に関する意見書」〔法律時報四二巻九号（一九七〇年）九二頁所収〕は一二六名の法学者が賛同した。当時の法律学者の活躍については、播磨信義『仁保事件救援運動史――命と人権はいかにして守られたか』〔日本評論社、一九九二年〕二九六頁以下参照。）

小田中 私が一行一行、賛同者のお名前を筆で書きました。それを持って最高裁に面会に行きました。当時の最高裁は会ってくれたのです。

——調査官が会ってくれたのですか。

小田中　風早先生とか鈴木先生とか、偉い人が行くわけですから、調査官が丁重に会って下さいました。

——最近、私たちが最高裁に意見書を持って行った時には、事務官の方しか会ってくれませんでした。

小田中　裁判長は、たしか草鹿浅之介という検察官出身の裁判官だったと思います。彼は立派な方で、仁保事件を救って下さいました。

——法学者が具体的な事件について記録を読み、研究会をやって、意見書を出すというのは、この仁保事件が初めてだったのでしょうか。松川事件ではあったのかもしれませんが、一般事件ではどうだったのでしょうか。

小田中　仁保事件があって、それが布川事件につながっていくわけです。仁保事件の間にも誤判はいっぱいあって、例えば徳島事件もありました。一連の誤判がどんどん明るみに出てきて、そのたびに研究者として意見書を出したり、研究会をやったりしました。

——当時、研究会の名前で意見書を出していたのは仁保事件で、布川事件については清水先生と小田中先生が共同で『法学セミナー』一九七六年一〇月号（二五九号）に論文「布川事件の問題点について」を掲載されています。この論文の公表の経緯はどういうものだったのでしょうか。

小田中　先ほど言いましたように、清水先生は仁保事件や誤判の問題に関心を持たれました。民法学者でいらっしゃったけれど、人権問題にも優れたお考えを持っておられる方でした。ですから、清水先生は東京都立大学から神奈川大学に移られ、神奈川大学を辞めた後、弁護士になられ、布川事件の再審

日産サニー事件記念講演会にて

弁護をなさいました。

――そうですね。

小田中　その意味で清水先生の果たした役割は、刑事司法にとっては非常に大きいと思います。

――後に先生が『冤罪はこうして作られる』の中で、布川事件と松山事件を取り上げることにつながったわけですね。

小田中　そうです。冒険と言えば冒険です。それまでは確定した無罪判決について弁護士が書いたものはありますけれど、係争中の、まだ最高裁で無罪が確定していない裁判について真っ正面から批判した論文とか本は、なかったと思います。しかし、私はあえて布川事件について、先ほど申し上げた経緯から清水先生と布川事件の記録を全部コピーして、二人で分け持って、全部読んで、そしてその記録に基づいて連名で論文を書きました。

これは冒険と言えば冒険です。確定していない、無罪判決ではないものに対してこれは無罪だと言い切るのは、裁判所に対する真っ正面のチャレンジでしたから。

――先生たちがそこを切り開いて下さったおかげで、私たちも草加事件や山中事件で無罪だと言い切る論文を公表することができました。

10　布川事件上告棄却決定

――布川事件のことでお伺いします。

上告棄却ならば三下り半で終わるのが大半なのに、布川事件の最高裁決定は非常に長い。決定後、小田中先生と清水誠先生が『法学セミナー』二八三号（一九七八年）（「布川事件の最高裁決定について――予断と偏見にみちた自白偏重の裁判（昭五三・七・三第二小法廷決定）を批判する」）で「われわれのこのような要望が、一顧だに与えられることなく無視された今日、私たち二人は、本件訴訟記録を――最高裁第二小法廷が検討したはずのものと同じものを――虚心に検討して得た結論として、なんの遠慮もなく、杉山（卓男）・桜井（昌司）の両君は無実であり、無実の罪を負わされたと信ずる旨を明言したいと思う」と書いていらっしゃる。

先ほど先生は冒険だったとおっしゃいましたが、私が同じ状況に置かれたとしたら、果たして先生方と同じようなことを書けるのだろうかとつくづく思います。しかし、先生方が布川事件について調査して発言して下さったおかげで、誤判とは何か、冤罪とは何か、つまり裁判所が有罪といったからといって、それが必ず正しいというわけではないことを、私自身は大いに気づかされたわけです。

話は戻りますが、なぜ最高裁は決定文をあそこまで詳しく書いたのかというのも、とても引っかかる。学者の言動に最高裁の気に入らないところがあったのか。先生は決定文をご覧になってどう思われましたか。

小田中　おそらく最高裁は私たちの書いた論文を、私の本を意識したと思います。それははっきりしています。だから相当詳しい決定文を書いて、学者よ参ったか、ということを示したのだと考えます。これは裏話になりますが、清水先生が「僕たち、少し書き過ぎたかな」とおっしゃったことがありましたが、私はそうは思わなかった。もっと書くべきだったと思いました。私たちも記録を読んでいます。そこが最近の藤田・小田中論争めいたものの根源にあるといえます。学者が記録を読まないでものが言えるかというのが、藤田宙靖さんの主張の根幹にあります。しかし、学者といえども記録を読んでその中の真実を発見する能力は、最高裁裁判官に劣るものではないという思いがあります。（注：藤田宙靖「法解釈学説と最高裁の判断形成」東北ローレビュー一号〔二〇一四年〕一頁以下、小田中聰樹「裁判にとって法解釈学は無力か――『究極の良識』か『良心』か」東北ローレビュー二号〔二〇一五年〕八九頁以下〔本書収録〕、藤田宙靖「東北学院大学法学部設置五〇周年記念公開学術講演会『裁判と法解釈学』再論――小田中聰樹氏からの批判を手掛かりとして」東北学院法学七六号〔二〇一五年〕七頁以下参照。）

――先ほどの問題にもかかわると思いますが、東大の人たちは事実認定の領域には立ち入りませんね。

小田中　そうですね。東大の人たちは判例評釈はやりますが、事実認定はしません。学者というものが記録を読まないで何を言うか、何を言えるかという考えが根底にあると思います。私は先ほど言ったように、学者といえどもというか、学者だからこそ記録を読んで、そして真実だと思ったら発言すべきだ、明らかにすべきだという気持ちがものすごく強くあります。

――東大では、事実認定の領域に立ち入ってはいけないという教育がなされているわけではないでしょう。先生も東大の大学院を出られ、判例研究会に参加されていらっしゃいますから（笑）。

小田中　一応、東大法学部に籍を置いた者として言うとすれば（笑）、東大の学者の方々には、権力にすがって権威を持つ、という抜き難い考え方があると思います。権力の権威を笠に着てその範囲で時々は批判する。しかし、権力に真っ正面からぶつかることはしない。これは東大法学部というものの権威の原点ではないでしょうか。

私も東大法学部ですが（笑）、私にとっては東京都立大学が法学の方法論を学んだ一番の場でした。解釈論は東大で学びました。特に、我妻先生の本も二回、三回と読みましたが、読めばおもしろい。なぜかというと、資本主義というものの上部構造は、国家とか、法律でしょう。経済構造がどういう法的形態をとるのか。この問題は私にとっては意外に難しくなかった。

11　経済学と法律学

――先生にとっては法律論よりも、上部構造論としておもしろかったということですか。

小田中　でも、法律論もおもしろかったです。資本主義が生み出す悪弊を、国家なり、あるいはある法律、商法でも民法でも、どういう法的論理で、人民の権利を守らなければならないか。そこには国家と人民とのせめぎ合いがある。そのせめぎ合いの結節点、それが法律です。その結節点というのは、両者の抗争の中でどこかで落ち着くわけでしょう。そこがおもしろい、ものすごくおもしろいと思う。ですから私にとって、経済学部で学んだこと、法学部で学んだこととの間に断絶は全然ないのです。両者が一体化していましたから、私の乏しい頭の中ではおもしろかった。おもしろくて、たまらない。

私は法学部の時に何になろうか、迷いました。あるいは憲法学者になったかもしれません。小林直樹先生の第一回の講義を聴きましたが、あの頃の小林先生の講義は素晴らしかった。でも、憲法学では同級生の隅野隆徳君が憲法を専攻していましたから、彼と違う道をやろうと思って刑法と刑訴法のどちらをやるか迷いましたが、刑法より刑訴法のほうが人権という考え方にベースがあっておもしろいと思い、それで刑訴法をやりました。

12　歴史をどう見るか

――先生の歴史研究には沼田稲次郎先生の影響が大きいと、先におっしゃいましたが、その他に影響を与えたものが何かあるのでしょうか。

小田中　私の言う歴史研究というのは、歴史をどう見るかです。歴史を権力者の歴史として見るのではなくて、権力と人民とが闘う歴史が好きだったのです。小学校の頃からそうでした。五～六年生の頃からもうはっきり意識していました。歴史には、国家権力の作った、いわば偽史のようなものがあるわけです。そうではなくて、本当の歴史というものがあるのではないか。一般の人たちが日々営み、闘っている歴史です。

―― 民衆史的なものですね。

小田中 そういう歴史が好きでしたし、今も好きです。

―― 小学校の頃ご自宅にいろいろな本があって読まれたと。そういうものから得られたのでしょうか。

小田中 それもあります。

―― 高校時代に、世界史の本をそういう視点で批判されたのですか。

小田中 まさにそうです。

―― 吉岡力先生の世界史でしたね。

小田中 歴史書といえば東京大学教養学部時代、石母田正先生の『歴史と民族の発見――歴史学の課題と方法』（東京大学出版会、一九五二年）を熟読しました。ちょうど占領下から脱しようとする時にこそ日本は歴史と民族を発見しなければならない、という趣旨の書物でした。あの本を読んですごく影響されました。

それと、私はどちらかというと文学青年ではないけれど、ロマン・ロランが好きでした。彼の書いた革命劇三部作（『狼』、『七月十四日』、『ダントン』）というのがあります。また『愛と死との戯れ』、『ロベスピエール』、『ピエールとリュース』、『クレランボー』とか、名作がいっぱいあります。彼の書く小説は歴史が描かれており、おもしろい。それと、マルクス、エンゲルスの『ドイツ農民戦争』です。そして私が一番、熟読したのはレーニンの『ロシアにおける資本主義の発達』でした。あの中に、いろいろな統計を使って、ロシアのミールという共同体がいかにして資本主義の萌芽を含みながら発達して工場労働者を生み出していくかという過程を書いています。分厚い本ですが、ものすごく好きでしたし、勉強になりました。

——一九七〇年前後でしょうか、民科法律部会で現代法論争が展開されました。国家独占資本主義法としての現代日本法の把握というテーゼと、金沢大学の前田達男先生らの民衆闘争的視点からの変革の視点で現代日本法を把握するという社会法視座との論争にも示唆を得たのでしょうか。それは無関係だったのでしょうか。

小田中　私はその論争には加わりませんでした。このことについて書いたことがありません。私の頭の根底には、先ほどから言っているようにマルクス主義があって、レーニンの書いたもの、その中から見た時の歴史像があるものですから。それと、現代法論争、国家独占資本主義と社会法視座とか、これらは局面の中の一つの部分だという考え方でしたから、私はあの論争に対して発言しませんでした。

——今でもあの論争は素養がなければ、難しくて理解しきれないところがあります。

小田中　難しいというか、本間重紀さんとか戒能通厚さんとか、若い方々には真剣な論争だったろうと思います。

13　『日本政治裁判史録』

——先ほど我妻榮先生との『日本政治裁判史録』のお話をされていましたが、あの本に先生はどんなふうにかかわっていらっしゃったのですか。

小田中　あれは我妻先生（民法学）が発案し、自らも執筆され、代表編集者でもあり、団藤重光先生（刑法学）、辻清明先生（政治学）、林茂先生（歴史学）の四先生の編集でした。ちょうど我妻先生がご退官された時に、明治時代から戦前の日本の裁判の主だった事件を通じて、日本の司法の歴史の共同研究会をやろうではないかと発案されたのです。それぞれの先生がお弟子さんを一人ずつ連れてこられ、私は団藤先生に推挙されました。そのようなわけで、自分の好きな事件を日本の歴史の中からピックアップして、好きなように書いていいという条件で、第一法規が引き受けてくれたのです。

私は、どちらかというと日本の民衆運動に関わるような、明治でいえば一揆に関わる事件、戦時中でいえば治安維持法事件、そういうものを書かせてもらいました。あれは勉強になりました。あの時に資料を探しに国会図書館とか憲政資料室とか、あらゆるところへ行って、当時はコピー機がありませんから写真を撮ってきて、それを拡大して資料を読みました。私の記憶に残るのは、田中正造の足尾銅山鉱毒事件です。田中正造のものは全部読みましたが、ものすごく偉い人だったことが初めて分かりました。明治憲法を武器に農民を守るために闘うのですから。私が執筆したのは、この足尾銅山鉱毒事件という争議事件。それから赤旗事件。これは大逆事件の前兆となる事件です。それと司法官赤花事件。

――あの企画はこの『日本政治裁判史録』と、「続」で戦後のもの（田中二郎、佐藤功、野村二郎編『戦後政治裁判史録』〔第一法規出版、一九八〇～八三年、全五巻〕）もありますね。

小田中　ええ、戦後もあります。私も誘われて一つだけ書きました。第二巻の「戦後不況と関東大震災――第四五回帝国議会」です。

――記録を読んで書かれたのですね。

小田中　ええ、帝国議会の議事録を読んで書きました。

――今思うとおもしろい企画だったなと。勉強になりました。

小田中　ええ、本当に。特に治安維持法事件をずいぶん書かせてもらいました。三・一五事件とか、人民戦線事件とか。これは勉強になりました。

あの中で私のオリジナリティがあるとすれば、竹橋事件です。西南戦争が終わってすぐに近衛連隊が竹橋（皇居の宮殿の近く）に駐屯して、そこで反乱を起こすのです。その時の反乱は薩摩の不満分子とか反乱分子が起こしたものだと言われていましたが、そうではなくて自由民権運動につながる反乱ではないか、そこまでは当時の私もはっきりと見抜けませんでしたが、何となくただの薩摩の不満分子の一揆のような反乱ではないと感じましたので、それを書いたわけです。そしたら、それを使って作家の澤地久枝さんが『火はわが胸中にあり――忘れられた近衛兵士の叛乱　竹橋事件』（岩波現代文庫、二〇〇八年）という小説を書かれました。そこでは自由民権運動との関係がかなりはっきり書かれていて、私よりもよく分析されています。ですから、自由民権運動はいろいろな形で日本の近代史を彩っていると、私は裁判史録を勉強して思いました。

足尾銅山鉱毒事件の田中正造という人は本当に偉い人です。彼はクリスチャンでしたが、日本で憲法を使って国家権力と闘ったのは、彼が原点でしょう。私の郷里の詩人、石川啄木も、河上肇先生も、あの頃の明治の知識人と言われた人たちも、みんな足尾銅山鉱毒事件の影響を受けています。啄木の歌にも出てきますし、宮沢賢治の小説にも反映されています。

――田中正造を主人公にした映画はありますが、本は出されていますか。

小田中　あります。仙台の作家で日向康氏という人がいますが、彼が田中正造の人物について書いています。

14　白鳥決定

――団藤重光先生のお話が出たので、白鳥決定についてもお伺いします。最高裁の白鳥決定（一九七五年）には団藤先生と岸盛一判事がかかわりました。岸判事は司法反動時代の最高裁の事務総長でしたが、刑事訴訟法の理論家でもありました。岸判事が団藤先生と共に白鳥決定を生み出したと想像しますが、白鳥決定は岸判事の考え方から出るべくして出たのか、あるいは団藤先生の主導で岸判事はそれに賛同したのか。岸判事のスタンスを先生はどう見ておられたのでしょうか。

小田中　いや、私は協働だと思います。岸判事は、もともと新刑訴派の人です。思想的にはコンサバティブだったかもしれませんが、裁判官らしい裁判官でした。団藤先生は、田中二郎先生の後に最高裁に入られた。田中先生は長官になられなかったのですが、団藤先生も少数意見が多くて、主流からちょっと疎んぜられて、結局は長官になられなかった。岸判事は最高裁事務総長という立場に立たれていたわけですが、私は団藤先生と岸判事は最高裁の中では肝胆相照らす仲だったと思います。しかも岸判事は理論家でした。ですから、団藤先生は岸判事と討論し、味方に引き入れて多数意見となったのではないでしょうか。これは憶測ですから本当はどうか分かりませんが、私はそうではないかと思っています。

15　研究会について

――概ね一九七〇年頃から、刑法改正問題、弁護人抜き裁判法案、拘禁二法問題、少年法改正問題等々の立法問題が矢継ぎ早に登場します。刑法改正問題について先生は一九七五年に、沼田稲次郎・小田中聰樹・上條貞夫編著『刑法改正入門』（労働旬報社、一九七五年）という共編著を書かれています。近代刑法原則の意義を明確に確認されて、それを基点に改正刑法草案を批判されたと記憶しています。先生は平野龍一先生と平場安治先生が発足された刑法研究会には参加されておられなかったのですか。

小田中　いや、お誘いはありませんでした。東大には刑事判例研究会があります。これが唯一の刑法関係の研究会で、これには参加しましたし、報告もしました。その時には、小野清一郎先生が座長ないし司会を務められ、団藤重光先生も平野先生もいらっしゃいました。それと小野慶二先生、その他、裁判官の錚々たる人たち、全員で一〇人以上。そこで判例研究をやりました。

――大学院生の時から刑事判例研究会には参加されていたのですか。

小田中　いえ、大学院生の時には出ませんでした。参加したのは東京都立大学へ行ってからです。

――刑事判例研究会で先生は判例研究をされていたと。

小田中　非常上告研究をやりましたが、これには苦労しました。光藤景皎先生の論文があって、それを参考にしました。最後に小野清一郎先生から「まあ、いいだろう」と言われてホッとした記憶があります。非常上告研究というのは再審研究と重なるところがあるでしょう。後になっていいテーマをもらったと思いました。

――刑事判例研究会は、東大のスタッフと東京在住の裁判官や研究者が構成員だったのですね。

小田中　そうです、東大系統です。そのほかに吉川経夫先生の主宰しておられた東京刑事法研究会がありました。これは各大学から、いわゆる民主的な法律家、裁判官、弁護士、学者が集まってやりました。主として法政大学が会場でした。

16　刑法改正問題への対応

――刑法改正問題をめぐって平野先生が法制審の委員を辞められて、平場先生と刑法研究会を作りましたね。それで平場安治・平野龍一編集『刑法改正の研究（一）概論・総則――改正草案の批判的検討』（東京大学出版会、一九七二年）、『刑法改正の研究（二）各則――改正草案の批判的検討』（東京大学出版会、一九七三年）という上下本が出されました。刑法研究会には先生は参加されたのですか。

小田中　前にも申し上げましたが、誘われませんでした。

――『刑法改正入門』は共編著ですが、あの本を出された経緯はどのようなものだったのですか。

小田中　沼田稲次郎先生が監修されて、私は本の半分ぐらい執筆しました。『労働旬報』に書いたものをリライトした本ですが、あの時に初めて刑法改正について発言しました。

17　弁護権論について

——一九七八年の弁護人抜き裁判法案についての先生の論文の中に、必要的弁護こそが原則だという文章が出てきたと思いますが、刑事弁護論に関する最近の議論には、自己弁護権が基本であって、必要的弁護というのはパターナリズムに過ぎるのではないかという見方があります。先生のお考えはそれとは違うのですね。

小田中　私は、自己弁護権という概念は使わないのです。後藤昭さんなどは使っています。村岡啓一さんもそうです。しかし、自己弁護ということになってしまうと、弁護人と被告人との関係のありようが変わってきますよね。私は、弁護人というのは被告人の意思に従属する存在ではないという考え方です。自己弁護というと弁護人が被告人の代理人になって、ちょうど民事でいう訴訟代理人と同じような立場に立つ存在になってしまいます。しかし、弁護人というのは独立性があって、被告人とはある意味で対立してでも被告人の権利を守るために闘うべき場合があるわけですから、自己弁護という概念を私は使ったことがありません。

——最近の弁護論では、自己弁護権から出発する「ハイヤード・ガン」論、いわば雇われ用心棒という考え方が出てきていますが、先生はそれに賛同しないわけですね。

小田中　弁護士には弁護士固有の権利と義務があって、雇われ弁護士では言い尽くせない、独立性と権限がある。ちょっと古いかもしれませんが、そういう考え方です。

――それは先生の担い手論につながるわけですよね。

小田中　そうです。

――田宮先生の裁判官担い手論をめぐって小田中・田宮論争がありますが、先生の刑事訴訟法理論が担い手として想定しているのは刑事弁護人ですか。

小田中　いや、刑事弁護人も担い手だし、被告人も担い手でしょう。どちらも独立した存在である。しかし、利害は必ずしも一致しない場合があり得るという関係ではないでしょうか。裁判官、検察官、そして弁護人、被告人。無罪請求権というのは被告人の持つ権利。弁護権というのは弁護人の持つ権利。検察権があって、裁判権があって、という四角構造です。そういう教科書を書ければよかったけれど、書けなかった。

――無罪判決請求権があって、それを弁護権が支える。被告人と弁護人との利害対立というのも一見、現実的な利害対立かもしれないけれど、無罪判決請求権というフィルターを通してみれば、そこで調和できるという発想なのですね。

小田中　そういう発想になります。

――弁護人抜き裁判については、私は今でも学者の意見は一致するのではないかと思います。あれは荒れる法廷があって、弁護士がいなくても裁判がやれるというところがある。それは弁護士のいない刑事裁判を強要するというか、押しつけることになりますよね。基本的に必要的弁護が憲法上のものかどうかという議論もありましたが、実態として弁護権を奪うことになるというあたりで、今もしそういう法案が出てきてもおかしいぞ、ということになるのではないでしょうか。

小田中　おかしいと、私は思います。

18　刑事法制委員会など

――立法問題では、拘禁二法問題、代用監獄問題がありました。先生の関連論文も多くあります。先生は日弁連の委員会とかなりかかわっておられたのでしょうか。

小田中　そうです。日弁連に刑事法制委員会というのがあります。あそこは非常に複雑な組織です。古い例えで言えば、関東軍みたいなものです（笑）。

――日弁連執行部の言うことをなかなか聞かないということですか。

小田中　言うことを必ずしも聞かなかったです。今はどうだか分かりませんけれども、その委員会では、刑法、刑訴法、代監、拘禁二法の問題はずいぶん議論しました。

――刑事法制委員会は、刑法改正阻止実行委員会から発展したものでしょうか。

小田中　いや、そうではない。刑法改正阻止本部というのがまた別にありました。日弁連はいろいろな委員会を立ち上げるのです。でも、刑訴法と刑法関係で日弁連の一番のブレーンになったのは刑事法制委員会でした。

――学者で関与しておられるのはどなたでしょうか。

小田中　浅田和茂さんがおられました。

――村井敏邦先生はどうですか。

小田中　村井さんも後になって来られましたが、村井さんは少し鼻っ柱が強いというか、自説の強い方ですから、いつの間にかいらっしゃらなくなりました（笑）。

――庭山英雄先生はいらっしゃいましたか。

小田中　庭山さんはいらっしゃいませんでした。最後まで付き合ったのは弁護士以外では、浅田さんと私ではないでしょうか。

――刑事法制委員会の中心は五十嵐二葉先生ですか。

小田中　中心は石川元也先生です。

――西嶋勝彦先生はメンバーでしたか。

小田中　西嶋さんは刑事法制委員会のメンバーではありません。

――渡辺脩先生もいました。

小田中　渡辺先生も中心人物のお一人でした。岩村智文先生もそうです。岩村さんはものすごく頭のいい人で、知恵袋。日弁連には人権委員会もあって、その委員会の中に再審部会があり、そこでは竹澤哲夫さんが重きをなしておられました。しかし、刑事法制委員会には来られない。非常に複雑な構成でした（笑）。

――先生は、刑事法制委員会には発足当初からずっとかかわってこられたのですか。

小田中　ええ、ほとんど付き合いました。心臓移植の問題、刑法改正、弁護人抜き法、刑訴法改正、刑事にかかわる問題のほとんどすべてにかかわりました。

――少年法改正問題もそこでやられたのですか。

小田中　やりました。けれども、少年法委員会というのはまた別にあります。

――子どもの権利委員会がありますね。

小田中　子どもの権利委員会もありました。そこもおもしろくて、関東軍だと言う由縁ですが、刑事法制委員会は大切だと思えば、とにかく刑事関係の問題には何でも議論し、必要とあれば、意見を日弁連執行部に出しました。

――立法問題については、刑事法制委員会と連携しながら、先生は論文等で大いに発言するという形ですか。

小田中　そう言っていいかと思います。

――岩村弁護士は先生の教え子ですね。

小田中　教え子だと言われるけれど、私の刑事訴訟法の講義を一年間聴いて司法試験に合格したという人です。もともとは全学連の執行副委員長をしていましたが、なかなか頭のいい、戦略家です。古い型の弁護士も巻き込んでオルグする力に非常に優れていました。

――刑事法制委員会での議論は月一回ぐらいのペースですか。

小田中　そのぐらいのペースでやりました。平野先生の意見には反対する結果になりました。例えば先生は心臓移植に賛成です。けれど、刑事法制委員会は反対なのです。だから批判の対象だったわけです。

19　研究者との交流

――研究者との交流については、既にいろいろな方のお名前が出ていますが、光藤景皎先生や庭山英雄先生との出会いはどういうものだったのでしょうか。庭山先生は年齢的には先生よりも上ですね。

小田中　そうです。

――最初にお会いになられた時のことを覚えていますか。

小田中　最初にお会いしたのははっきりしません。私は関西の方から見れば東大グループでしょう。しかし、私には東大法学部出身という意識はあまりなくて、むしろ中山研一先生とか関西の方との交流が深かったと思います。懇親会でも関西の方との付き合いのほうが深かった。だから、光藤先生とも刑法学会でお会いして、本格的にお付き合いするようになったのは再審制度研究会からです。松岡正章先生とは新潟大学に講演に行った時にお会いして友人になりました。庭山先生は、やはり再審制度研究会からと言っていいのではないでしょうか。

――先生は東京刑事法研究会に出席されていらっしゃったのですか。

小田中　出ておりました。吉川経夫先生との関係で。

――その頃、木田純一先生は出席されていましたか。

小田中　木田先生もいらっしゃいました。

――熊倉武先生も出席されていましたか。

小田中　いらっしゃいました。でも、熊倉先生はわりあいに来られなかった。木田先生はよく来ておられました。亡くなった時にお葬式に行きました。

――その頃の若いメンバーといえば、村井敏邦先生や足立昌勝先生でしょうか。

小田中　お二人はずっと後でしょう。

――あと覚えている方はいらっしゃいますか。

小田中　法政大学の福井厚さんです。

――岡山大学から法政大学に移られて、それから出始めたのですね。

小田中　そうです。

――他方で、刑法理論研究会は先生の発案で作られたと聞いていますが。

小田中　発起人の一人であったことは確かです。前野育三さんと、私と、生田勝義先生などが発起人です。関西の方のほうが多かったですね。

――刑法理論研究会を発足させた時の先生の問題意識はどういうものだったのでしょうか。

小田中　中堅と若い人たちとの研究会というイメージで作りました。

――刑法学会では足りないところがあると考えられていたのでしょうか。

小田中　そうです。関西には関西刑法読書会があり、東京には刑事判例研究会があり、民主的な研究会としては東京刑事法研究会があり、そういうのをやっている中で若手を中心とした研究会を作りたい、学問をつなげていきたいと思いました。ちょうど宮内裕先生が亡くなって関西の人たちは寄る辺がなかった。佐伯千仭先生もお年を召されていたし、若い人たちで集まって研究しようではないかというので作ったのが刑法理論研究会です。

――当初は刑法改正問題をはじめ、統一的なテーマを設定されていました。

小田中 そうですね。

――**川崎** 今でも刑法理論研究会は続いていますが、共通目標のようなものが薄くなってきた感もあります。かつては民主主義刑法学を学ぶというような筋がありましたが、最近はちょっとそこが薄れているのかな、と思わないでもありません。

――**豊崎** 院生が育っていないので、数が少なくなってきて、合宿形式もできなくなって、回数も少なくなっているというふうな、まず物理的に深刻な問題があります。私が入った頃は、先生方が刑法理論研究会で活躍されていた頃と比べるとトーンダウンしているかもしれませんが、事務局としては問題意識を持っていると思います。私も報告しましたけれど、公訴時効の廃止について刑法、刑訴法の立場から共同研究をやってみようとか。ロースクールができたことの影響もあって、なにしろ研究者が育っていない。そっちのほうが深刻かもしれません。

――先生が刑法理論研究会を始められた当初のメンバーは今、七〇を過ぎる頃ですから、発足したのは先生方が若かりし頃です。

小田中 そうです。斉藤豊治さんのお宅に伺って研究会をやったことがあります。

――お宅というのは福井県ですか。

小田中 斉藤さんは福井県の方です。斉藤さんのお宅は昔の旧家の宿場ではないかと思うぐらい、ものすごく広い家でした。そこに十数人がお邪魔して研究会をやったことがあります。そのぐらい熱心な時期がありました。

――その当時は年二回、合宿をやられていたのですか。

小田中 合宿をやったり、刑法学会の後に研究会をやったりしました。

――今はもう刑法学会と離れて独自に合宿日程を設定しています。前は民科春合宿にくっつけたりしてやっていましたが、民科に入っている人と刑法理論研究会に入っている人が一致しないものだから、うまく設定できないところがあるのでしょう。

小田中 民科の刑事法分科会との関係とか、そういう問題もありますね。

20 刑事訴訟法ゼミ

――教育面になりますが、東京都立大学では刑事訴訟法のゼミはどういうテーマでやられていましたか。

小田中 私はゼミで特定のテーマを使ってやるということは、東京都立大学でも、東北大学でも、専修大学でもやりませんでした。各自のテーマでやりなさいというやり方でした。

――学生が好きにテーマを決めるのですか。

小田中 好きにテーマを決めて、好きに勉強して、ゼミに来たければ来ればいいし、来なければ来なくてもいい。私のゼミは自由なのです。テーマも、参加も、脱退も、全部自由です。

東北大学の学生自主ゼミの裁判制度研究会ではテーマを決めてやりました。例えば、ある年は松山事件をやる、ある年は刑法改正問題をやる、そういうふうにテーマを決めました。

――その場合も学生が決めるわけですか。

小田中　そうです。私は、あまりいい教師でなかったと思います。指導というものはしませんでしたから。

――いいえ、そんなことはないです（笑）。

小田中　学生の討論の相手にはなりますが、こうしろ、ああしろ、筆を入れてこれはこうすべきだ、ということはしませんでした。

――先生自らお話になるというより、時々学生で先生に吹っ掛けるような人がいると、そこで討論、議論になる。

小田中　そう。福岡大学の小野寺一浩君は学生時代、たびたび私に議論を持ちかけてきたので、彼と議論すると二〜三時間経ってしまう。

――いや、学生相手に二時間、三時間やられたのは先生のお力だと思います。私たちなら二、三回やりとりしたら終わってしまいます。

小田中　ゼミ合宿もやりました。

――ああ、ありました。

小田中　ああいう時に酒を飲んでからも議論するわけです。

――合宿では統一的なテーマでやるのですか。

小田中　いやいや、そういう時にもテーマは自由です。

――**豊崎**　コンパなどで先生は、ゼミの内容や刑訴法の話題じゃなくて、ＰＫＯや小選挙区制についてどう考えるかと問われたり、あるいは、今一番好きな本は何か紹介してとおっしゃったりするので、「刑訴法ゼミなのに、なぜ、先生は小選挙区制について話題にするのかな」と当時は思っておりました。今は、先生ならばそのようなお話をされるだろうなというのは、もちろん分かりますが。そういうふうにして、社会への目を開かせていただいたと思います。あと、コンパといえば仙台の歌声喫茶「バラライカ」ですけれど（笑）。

―― そういうところが、小田中ゼミ出身者が小田中ゼミだというふうにアイデンティティを持っているところなのかもしれません。

小田中 そうだといいのですけれど。

―― 卒業生で小田中ゼミという意識を持っている人が多いですね。「私は小田中ゼミだった」と。小田中ゼミであったというところに何かがあるのだと思います。

小田中 ロラン・ロマンの小説『クレランボー』の中に、「万人のために万人に抗す」という条りがあります。このフレーズが素晴らしいと思いませんか。私はそういう話を学生にしたいわけです。刑事訴訟法の話は講義で聴いてもらえばいい。ゼミでもそういう話をずいぶんしたように思います。

―― 先生の中学時代の弁論のテーマも「真の勇気を持とう」というものでしたね。

小田中 そうそう、そういう話が好きでした。

第2章　東北大学時代

1　東北大学へ――その経緯

――先に東北大学でのゼミの様子も話題となりましたが、ここからは東北大学時代についてお聞きしていきます。年譜を見ると、先生が四〇歳の時に東京都立大学から東北大学法学部に移籍されたわけですが、移籍はどんな経緯だったのでしょうか。先生をお誘いしたのは広中俊雄先生だったのかなという気もしますが。

小田中　そうです。呼んでくださったのは広中先生です。一九七六年に移りましたが、その三年ぐらい前から、それとなく広中先生から東北大学に来ないかという手紙をいただいていました。当時、東京で私は青法協の活動や日民協の活動、司法反動との闘い、憲法擁護の闘いをやっていましたので、迷いました。本当に迷いました。三年間、悩みに悩んで、最後には、両親が盛岡におりますから、その近くに移ったほうがいいだろうと思いました。それで東北大学に行く決意をようやく固めて、広中先生に手紙を出しました。そうしたら、広中先生からは好意的なお返事が返ってきました。私を呼んでくださった、いわば恩人です。その時に、忘れもしませんが、東京駅のステーションホテルの一角のレストランでテストめいたものを受けたのですね（笑）。

――広中先生のテストを受けたのですか。

小田中　その場には広中先生のほかに外尾健一先生もおられました。外尾先生から「今、仙台で市長選挙をやっている。学者というのはそういう時にどういう態度をとるべきか」と質問され、私は、「学者というのは、理論的な問題の研究が主たる任務ですから、政治活動は慎重にすべきだ」と答えました。それぐらいのやり取りでしたが、採ることを前提にしたある種のテストだったと思います。

――広中先生とはそれ以前からお知り合いだったのですか。

小田中　準起訴手続を共同研究のテーマとした一九七三年の第四六回日本刑法学会の大会において、広中先生はやぐら荘事件に取り組んでいたこともあって、法社会学的な観点からそれを報告され、私はドイツの準起訴手続を報告しました。その時に初めてお会いしました。その時の印象が広中先生の中に強かったのだと思います。

――先ほど言われた外尾先生の質問は、先生が司法反動の問題とか憲法問題とか、政治的問題にかかわっておられたことについて、どういう考えなのかということを聞かれたわけですか。

小田中　まさにそうです。

私が東北大学に行くにあたって、東京の方々がずいぶん引き止めて下さいました。東京都立大学の沼田稲次郎先生、江藤价泰先生、清水誠先生、針生誠吉先生、兼子仁先生、さまざまな方々です。弁護士の多くの方々からも東京に残れというお話をいただきました。ですから、本当に迷いに迷いましたが、東北大学にも優れた研究者がいるし、東北大学に移っても憲法活動、誤判活動、民主主義的な運動は絶対に止めないという決心で東北大学に行きました。

――東北大学に移籍するにあたって広中先生と外尾先生が東京に面接に来られたとのことですが、荘子邦雄先生とのかかわりはどうだったのでしょうか。

小田中 荘子先生とはいつお会いしたのかあまりはっきりしないのです。ただ、荘子先生は沼田先生と仲がよかったように思います。荘子先生が学術会議で上京された時に沼田先生、荘子先生、私の三人で酒を飲みました。

――そういうご関係があったのですか。

小田中 その酒の飲みっぷりで（笑）、荘子先生に合格点をもらったのかもしれません。

――酒の飲みっぷりで（笑）。

小田中 ですから、東北大学に移ってからも荘子先生とは何回も何回もお酒を飲みました。先生は九州大学出身の快男児で、本当によくして下さいました。

――阿部純二先生も当時、東北大学におられました。先生は最初、盛岡から東北大学へ通われていたのですね。

小田中 そうです。

――盛岡ではお父さま、お母さまと一緒に住まわれていたのですか。

小田中 ええ、一年間、盛岡にいました。

――その頃はまだ、盛岡まで東北新幹線は開通していなかったから、かなり大変でしたでしょう。

小田中　大変でしたね。一年間だけは頑張って通いましたが、やはり無理があって、仙台に移りました。外尾先生がお世話下さった三条町の東北大学の宿舎に住むことになりました。

2『刑事訴訟法の歴史的分析』、『現代刑事訴訟法論』

――『刑事訴訟法の歴史的分析』は東北大学に移られた一九七六年に出されています。

小田中　そうです。

――先に論文「大正刑事訴訟法の歴史的意義」のお話をうかがいましたが、『刑事訴訟法の歴史的分析』はその論文をメインとして、刑事訴訟法の歴史的分析の方法の部分は書き下ろしでしたね。

小田中　そうです。

――一〇年後の一九八六年に『刑事訴訟法の史的構造』を刊行されています。これは戦時刑事手続の時期を扱っていますが、先生の構想としては、日本の刑事訴訟の近代化の過程はこの『刑事訴訟法の歴史的分析』と『刑事訴訟法の史的構造』の二つの論文集で解明したということでしょうか。

小田中　もう一つあります。一九七七年の『現代刑事訴訟法論』です。私の位置付けでは、この三部作が日本の刑事訴訟法の歴史的分析の通史的作業です。

3 刑事訴訟法理論の体系化――『刑事訴訟と人権の理論』など

小田中 まず『刑事訴訟法の歴史的分析』で歴史的分析を行いました。『刑事訴訟法の史的構造』でも歴史的分析をやっています。『現代刑事訴訟法論』は現状分析という位置付けです。『現代刑事訴訟法論』は現代ですから、現代の刑事訴訟法の構造をどう見るかという問題に直面するわけです。その頃は、まだ漠然として自覚的ではありませんでしたが、刑罰請求権を核とした刑事訴訟法論では限界があるのではないか、というのが私のかねてからの疑問でした。ただ、それがなかなか形にならなかった。平野先生の壮大な体系があり、団藤先生の壮大な体系があり、小野清一郎先生の壮大な体系があり、田宮先生の壮大な体系がある。無罪判決請求権をどうとらえるか。どうやってそれを刑事訴訟法の理論の中に入れ込んでいくか。それを体系化できるか。当時はまだ、率直に言えば私には能力がなかった。

無罪判決請求権を軸とした刑事訴訟法の体系を、ついに作ることができなかった、と私は思っています。信山社出版や勁草書房から教科書を書かないかというお誘いを受けたけれど、結局は書けませんでした。これは私にとって一大痛恨事ですが、私の力の限界でしょう。

―― 捜査過程、起訴過程、公判、審判対象論も含めて裁判の効力論というふうに大きく分けていくと、一番のネックはどこだったのでしょうか。

小田中 起訴と公判です。

―― 公訴権ということでしょうか。

小田中　公訴権をどうとらえるかということです。公訴権というのが一方にあり、かたや防御権というのがあります。その防御権を無罪判決請求権に理論的に高めなければなりませんが、その能力が私にはなかった。私の講義を豊崎七絵さんがテープにとって反訳までしてくださったのですが、ついに教科書は書かずに終わりました。

――私も『現代刑事訴訟法論』を読んだ時、歴史を見通す刑事司法論ということを先生が言われていて、無罪判決請求権を核とした刑事訴訟法理論の体系化ということに非常に斬新なイメージを抱いたことを思い出します。どういう理論になるのか、ぜひ見てみたいと思いました。先生はあの本の中で社会科学としての刑事訴訟法というのは四分野あると言われていて、歴史分析、イデオロギー分析、現状分析、論理分析ということを指摘されたと思います。刑事訴訟法の体系論は、その論理分析の中で考えておられたのですか。

小田中　そうです。それと『刑事訴訟と人権の理論』。これが私の頭の中では刑事訴訟法の教科書を書く上で序文のような位置付けでしたが、できなかった。

――『刑事訴訟と人権の理論』の章立ても捜査、公訴、公判ですから。

小田中　だいたい書こうと思っていたことを『刑事訴訟と人権の理論』で吐き出したのですが、無罪判決請求権を、公訴権と対抗できる理論として構成することが私にはできませんでした。

4　無罪判決請求権

――その無罪判決請求権について、的が外れているかもしれませんけれど、無罪の推定よりももっと強いものとして無罪判決請求権を構想しようとした時に、例えば形式裁判などをどう位置付けるとか、細かい話になってしまうかもしれませんが、そういう問題も出てくるのですか。

小田中　そうだと思います。形式裁判をどうとらえるか、これは無罪判決請求権と関係があります。

――それで思い出したのですが、先生は一時、訴訟条件は被告人の利益の観点から基礎付けられるということを論文でおっしゃられて、公益的な要素を放逐していくというような発想をとられていたのではないでしょうか。

小田中　そうです。

――そういうことに結びついていくのでしょうね。能勢弘之先生が提起された「妨訴の利益」という視点は、先生の今のお考えにつながるところがあるのでしょうか。

小田中　むしろ庭山英雄先生が妨訴の利益論だったのです。能勢さんも妨訴の利益論に近かったと思います。しかし妨訴の利益というのは、先ほどの私の構想からするとちょっと弱いのではないか。もっと積極的に「無罪判決を求める権利」を被告人は本来持っていると考えたのですが、先ほど言ったように力及ばず、まとめることができませんでした。

――妨訴抗弁という言い方もされていますが、いずれにせよ消極的なストップの権利ですね。請求権とはちょっと違うのですね。

小田中　ですから、庭山先生は妨訴権論者だと思います。鈴木茂嗣さんもそれに近いのではないでしょうか。

――田宮先生は妨訴抗弁の権利を当事者主義的訴訟条件という枠組みの中で捉えていますね。鈴木先生はどうだったのでしょうか。

小田中　鈴木さんの理論は私にとってはなかなか分かりにくいのです。

――先生は一九八七年に『ゼミナール刑事訴訟法（上）争点編』、八八年に『ゼミナール刑事訴訟法（下）演習編』の上下を出されました。八三年の『刑事訴訟と人権の理論』、八七年、八八年の『ゼミナール刑事訴訟法』ということで、その当時、先生は解釈論の体系化を目指しておられたように見えます。

小田中　そうです。本当にこの頃書くべきだったと思っています。私はあまり後悔しない質なのですが、一番の心残りは、ついに教科書、体系書を書けなかったことです。

――無罪判決請求権、それ自体を単なる抗弁権でない形で強くしたいというのは、それと相対する刑罰権とか公訴権といったものが他方で消滅するというか、そういう関係にあるのですか。それとも、『ゼミナール刑事訴訟法』で書かれていたと思いますが、刑罰権的なものは思考から徹底的に排除したうえで訴因変更の限界を考えなければいけないというところに行き着くお考えがあるのかなと思っています。先生は単一性の概念はいらないのではないかともおっしゃっています。そういうところが関係しているのですか。

小田中　そうです。

――ロースクールで教えると、訴因のところは一番説明に苦しむところです。ただ、説明の仕方としては、単一性があったほうが説明しやすいということはあります。

小田中　でも、単一性という概念がなくても、訴因論は構築できるのではないかと考えました。

――平野先生は単一性概念を使われますが、平野先生が単一性概念をとるまでの過程で、単一性概念を使わない考え方をとっていた時期があり、先生はそちらのほうが、むしろ考え方としては一貫していたのではないか、とおっしゃっていたと記憶しています。

小田中　単一性という概念を小野清一郎先生と団藤先生はお使いになりましたが、平野先生の若い頃の思考の中には、単一性の概念はなかったのではないでしょうか。田宮先生の中にも単一性の概念というのは、そんなに重きをなしていないのではないか。時期によって違いますが、単一性は罪数論に解消できるのではないかと、田宮先生は考えておられたと思います。

――先生は、適正手続も重要だけれど、むしろ公正な裁判を受ける権利を上位概念とする体系を作られようとしていたのではないでしょうか。そのことと無罪判決請求権とはつながりが深いように思います。それをいろいろなところですべて説明できないと教科書や体系書は難しいのかもしれませんが、私の中では講義をする時も論文を書く時も常に心に止めています。つまり、適正手続ではすくい取れないものが公正な裁判を受ける権利とか無罪判決請求権にあるのではないでしょうか。私はいつもそれを意識して勉強しています。

小田中　公正な裁判を受ける権利というのは、私の頭の中では無罪判決請求権と一体不可分なものです。適正手続はある種バランス的、利益衡量的ですが、無罪判決請求権は絶対的なものという位置付けでした。

――公正な裁判を受ける権利というのは、憲法上の根拠としては三七条の権利とお考えだったのでしょうか。三一条は適正手続で、三七条は公正な裁判を受ける権利、三二条で裁判を受ける権利と。

小田中 いや、私の頭の中では三一条があり、三二条があり、三七条がある。それらの総合したものが「公正な裁判を受ける権利」です。

5 『治安政策と法の展開過程』

――一九七七年の『現代刑事訴訟法論』の後に、『刑事訴訟と人権の理論』が八三年に出ますが、その前に『治安政策と法の展開過程』を八二年に出されています。この本は現状分析になるのでしょうか。刑事訴訟法だけではなくて、憲法、労働法にも視野を広げて、まさに治安政策と法の展開過程を分析されていますが。

小田中 そのとおりだと思います。いわば刑事司法というものを憲法とのかかわり、あるいは全社会、全国家の治安構造とのかかわりで位置付けようとしたのが、『治安政策と法の展開過程』です。

――先生の前には沼田稲次郎先生や、刑事法でいうと宮内裕先生や中山研一先生などが治安政策・治安立法の研究をなされました。先生のような広い視野で治安政策と法の展開過程を分析できる人がいるだろうかと思うのですが、先生の目から見ていかがでしょうか。

小田中　私は吉川経夫先生からも多くのことを学びました。『刑事訴訟と人権の理論』の前に、『治安と人権』を共著で書いています。その時に吉川先生からずいぶん教えられました。

それと、私がある意味で一番影響を受けたのは沼田先生です。沼田先生は労働法を書く時にも必ず、全憲法、全治安法、全労働法、要は権力側の権力構造から分析するわけです。私が東京都立大学にいた時に、ある意味で一番学んだのは沼田先生の思考と思想でした。その時に初めて、先生の論文から担い手論というものの持つ法的な重要性を教えられました。

——吉川先生との共著『治安と人権』はどういう経緯で出版されたのですか。

小田中　あれは法律文化社の乙川文夫さんから吉川先生にお話があり、吉川先生が私に振って下さったので、二人で書こうということになりました。吉川先生は刑法を、私は手続関係を担当しました。共著ではあるけれども、お互いに相談したことは一度もなく、おのおの好きなように書く。その中で、治安維持法や現代の治安法の持っている意味を考える機会がありました。

6　誤判救済と再審制度研究

——一九八二年には『誤判救済と再審』を出版されています。その後、再審関係の論文集としては、二〇〇八年に『誤判救済の課題と再審の理論』を出されています。『誤判救済と再審』は、再審法理論を研究する時の必読文献だといえます。この論文集は白鳥決定の後に出されていますが、先生の再審の論文としては一九七七年に刊行した日本弁護士連合会編『再審』（日本評論社、一九七七年）に収録されている「再審理由拡大の展望と人権」が初めてではないかと思います。

小田中　当時、再審事件というと、吉田岩窟王事件があり、そのほかにも古い再審事件がありましたが、一番政治的に問題になっていたのは白鳥事件です。白鳥事件については大石進さんが最近、お書きになっておられます。その裁判に自由法曹団が深くかかわっていた。それを熱心にやられたのは谷村正太郎弁護士ですが、岡部保男弁護士、ほかの弁護士の方々も白鳥事件には熱心に弁護されていました。日弁連が北海道で「裁判と科学」というシンポジウムを開きました。一九七〇年頃のことです。それに私が招かれて札幌近くまで行ったところ、妻が倒れたというのです。ですから、そのまま引き返して、講演しないで帰ってきました。その後、日弁連で竹澤哲夫先生を中心に人権委員会が再審の問題をやろうということになり、光藤先生、田宮先生、私の三人に再審について講演してほしいという話になりました。私はそれまで再審の問題について、本格的に書いたこともしゃべったこともないわけです。あの時に初めて再審について考えました。一九七二年一一月一六日のことです。

――日弁連の『再審』に収録された、この時の先生や光藤先生、田宮先生の講演は、再審の閉ざされた門を開く大きな理論的契機となったといえます。

小田中　そうかもしれません。ただ、あの時に一番貢献されたのは田宮先生だったと思います。再審も適正手続でやるべきだという観点を、田宮先生は一貫して言っておられました。最後まで、再審制度研究会にかかわってくださいました。

――あの講演があって、その後、『法律時報』も『ジュリスト』も特集を組むなどして、先生方を中心に再審の理論水準を上げていったと思います。

小田中　再審制度研究会はいつできていますか。

——研究会の発足は一九七四年です。

小田中　結成するにあたって、どなたにリーダーをお願いするか。これはずいぶん迷いました。平野先生がおられるし、井上正治先生、団藤先生もいらっしゃる。そこでパッと閃いたのが、鴨先生です。鴨先生は再審に関する論文を書いていらっしゃったし、人格者でもあられた。おそらく平野先生にお願いしていたら、強烈な個性と理論とに私たちは引きずられていくだろうと思いました。それで私は鴨先生にお願いすることを決心しました。あの頃先生はどこにお住まいだったかな。

——国立ではなかったでしょうか。

小田中　そうです。国立まで行ってお願いしました。鴨先生はちょうど東北大学を定年で辞められて、北九州大学の学長をしておられました。快くご承諾いただき、そして、もし足りなかったら私がお金を出しますと、そこまでおっしゃってくださいました。でも、先生からお金を出していただくのは心苦しいですから、毎日新聞と朝日新聞にお願いしました。朝日新聞はうまくいかなかったのですが、幸いにして毎日新聞が協力してくれて、経済的な裏付けを得て再審制度研究会はスタートしました。その時に朝日と毎日の推薦人になってくださったのが団藤先生でした。

——人的にみると、当時の再審制度研究会には松尾浩也先生や田宮裕先生、光藤景皎先生、三井誠先生、横山晃一郎先生、能勢弘之先生、岡部泰昌先生なども参加されていました。

小田中　そうです。そのほかに渥美東洋さんも賛成してくれていました。再審制度研究会は、いわば学界を横断した研究会としてスタートしたのです。

――団藤先生がそういう形で支援され、鴨先生が代表となるということで、刑事訴訟法学界の総力を挙げた研究会というふうに見ることもできます。

小田中　そうですね。

――平野先生は参加されなかったのですか。

小田中　平野先生には、時々お呼びしてお話をうかがいました。

7　現在の再審の状況

――現在の再審の状況ですが、布川事件と足利事件は再審開始・無罪確定となり、袴田事件は帰趨が確定していませんが、再審開始決定の下に袴田巖さんは拘置が解かれています。その一方で、名張毒ぶどう酒事件や福井女子中学生殺人事件は再審開始決定が取り消されました。大崎事件は第三次再審請求審で再審開始決定が出されました。今の再審の状況は非常に流動的ですが、先生はそれをどう見られていて、どこがポイントだと考えておられますか。

小田中　私は、松山事件、布川事件、仁保事件、横浜事件、そのほか葛飾ビラ配布事件とか、さまざまな冤罪事件を支援してきました。が、再審というのは、やはり一進一退ではないでしょうか。崩したと思ったら、反動が来て崩される、また更に反動が来て崩される。その繰り返しのような気がします。だから、無罪判決請求権を確立しないかぎり、せめぎ合いという状況は変わらない。学者・理論家としては諦めないでやるということではないでしょうか。

――前に布川事件とのかかわりについてお話しいただきましたが、先生と松山事件とのかかわりは東北大学に来られてからのことですか。

小田中　松山事件は、大出良知君が東京都立大学にいた時から関心を持ってやっておられましたが、私が主体的にかかわりを持ったのは仙台に来てからです。松山事件には田中輝和さんが既に深い関心を持っておられました。青木正芳弁護士が弁護人として活躍されていました。その他にも沢山の方が支援活動されていました。そういう熱心な方々がおられ、私もいくらかお手伝いをしました。

――**豊崎**　私が個人的に二〇一四年七月に小田中先生のお宅にお邪魔した時、先生はそのちょうど前の日に、北陵クリニック事件で阿部泰雄先生（弁護士）たちがいらっしゃって相談を受けたとおっしゃっていました。その様子をお話しされた時の先生のお言葉が、私にはとても印象的でした。これは伝聞で、正確でないと思いますが、先生は、裁判官が再審を分かっていると思って臨むべきではなくて、再審は何のためにあるかというところから裁判官に説明していかなければいけない、と弁護士さんたちにアドバイスされたのが、私にとっては大変印象的でした。

再審に関心のある研究者にとって、こんなことは理論的に解決済みではないかと思うような問題が実際の再審請求審では繰り返されていて、理論的にこれ以上どう発展させていったらいいのだろうかという停滞感も、確かに片方ではあります。しかし、言葉を尽くして何度でも言わなければならないということを、先生のお話をうかがって強く思いました。

小田中　北陵クリニック事件は明らかに冤罪事件です。裁判官は、再審というものを初めから分かっているわけではない。一生に一度あるいは二度あるかどうか。だから、ゼロからスタートして説得する。

それが必要なのではないですか。

8　『現代司法と刑事訴訟の改革課題』、『人身の自由の存在構造』、『刑事訴訟法の変動と憲法的思考』、『法と権力』

――刑事司法の現状分析にかかわる論文集としては、一九九五年の『現代司法と刑事訴訟の改革課題』があり、共著として渡辺洋三・江藤价泰・小田中聰樹著『日本の裁判』を出されています。一九九九年には『人身の自由の存在構造』を、そして二〇〇六年に『刑事訴訟法の変動と憲法的思考』を出されています。『法と権力』も二〇〇六年です。以上の現状分析を通して現代刑事司法の改革課題と刑事訴訟法の理論的課題、そしてその解決方向が明確に提示されています。

先生は、精密司法論も含めて二重の課題論や逆説的調和論に対して理論的批判を加えられ、現在の刑事訴訟法学における憲法的思考の後退傾向に警鐘を鳴らしておられますが、最近の学界の理論状況を見ると、憲法的思考の後退傾向がもっと進んでいるように見えます。井上正仁さんや酒巻匡さんたちの一つの理論潮流的なものがあるように思いますが、そういう動きは先生の目からは、どのようにみえているのでしょうか。今の刑事訴訟法学の動向について何かお気づきのことがあれば、お聞かせいただきたいと思います。

小田中　私がこれまで何度も言ってきたことですが、刑事司法改革、もっと大きく見ると司法改革が決定的だったのではないかと考えます。私は司法改革を批判はしても、力及ばず敗軍の弁になりますが、司法改革の進行を止めることはできませんでした。しかし、司法改革はロースクールにせよ、法曹人口の増加、刑事訴訟法の部分的な改正といい、あらゆる面で失敗だった。やはり権力は狡知に長けているな、権力というのはすごいものだと思います。権力を侮ってはならない。権力は必ず復活して、私たちの長年築いた理論体系を必ずぶっ壊しに来る。

井上さんにせよ、酒巻さんにせよ、後藤昭さんにもそういう傾向があると思いますが、刑事訴訟法あるいは刑事司法を全体として見る目が薄れているのではないでしょうか。部分的な改正に目がくらんで、全体として見る目を失っている。

それは個々の裁判官、個々の政治家、個々の検察官の問題ではなくて、権力という巨大な生き物というか、機構、構造が、どこの国でも存在して、ある時には譲歩し、ある時には仕返しをする。その繰返しではないでしょうか。

——例えば、盗聴法や破防法の適用とか代監問題が一個の単独の問題として登場すれば、批判しやすいのですが、二〇一六年の刑事司法改革のように、可視化の部分的実施や証拠開示の部分的改善という改革方策と、盗聴の拡大という逆改革がセットの改革案として提示されてくる状況があります。そういう時にはどう対処すべきなのか、対応が難しいと感じます。先生のお話ですと、大きな構造の中で位置付けて見れば、答えははっきり出るのではないかということだろうと思いますが、そこは悩ましいところがあります。今回の刑事司法改革でいえば、改悪であり反対という意見、改善部分は改善部分として残し改悪部分を削り取れという意見、そして日弁連のように全面的実施という三つ巴の意見が出てくるわけで、その中でどう対応すべきなのか悩む部分が出てきます。そのあたりはどう考えたらいいのか、本当に悩ましい部分です。

9　寺西和史裁判官懲戒問題

――仙台では、寺西和史裁判官懲戒問題がありました。あれは司法反動の時期にも連なる問題だったのですが、先生は寺西さんから相談をお受けになったのですか。

小田中　いや、彼は非常に独特な個性の人で、人に相談するとか人の思惑を気にするとか、そういうことの一切ない人でした。ですから、相談は一切受けませんでした。彼は独自にやりました。

――仙台で先生は運動の中心になられましたが、最終的に寺西さんは戒告処分になってしまいました。

小田中　彼は何があってもめげない、何というか、不思議な人です（笑）。普通だったらめげるところを、めげない。すごいですね。

――そういう意味でいくと寺西さんは、本当の独立心を持った、裁判官にふさわしい人なのですね。

小田中　そうでしょう。

――その後、先生は寺西さんにお会いしていないのですか。

小田中　いやいや、彼は独特の個性ですから、私とは直接話をしたこともないし、弁護士ともそれほど話したことはないと思います。

――寺西さんにはずっと裁判官でいてほしいと思いますが、北海道の裁判所にいた時代に令状部に属していたことがあり、その時はわりと令状請求を却下するので有名だったと聞いています。

10　日本刑法学会時の懇談会など

――先生の東北大時代にはいろいろな問題が登場しました。オウム教団への破防法適用問題もありました。オウム教団に対する公安調査庁の解散指定請求が出た段階でしたが、東北大学で刑法学会の大会があった時に、先生の発案で、この破防法問題について懇談会をしようということになり、会場入り口にチラシを置いて、大会一日目の終了後に法学部の会議室で懇談会をしました。四〇人ぐらいの参加がありました。刑法学会の懇親会後の時間でしたが、非常に活発な議論がなされ、刑法学者の声明も出すことになりました。懇談会の後、歌声喫茶「バラライカ」に突入して大いに盛り上がった。非常に愉快な思い出になっています。あの時、豊崎さんはいましたか。

豊崎　いました。懇談会もその後も全部行きました。あんまり違和感がないというか、私はずっと東北大学にいたからなのでしょうか、学会の後にこういうことを扱う懇談会があるのはいいのではないかと思ってました。

――ああいう懇談会は刑法学会では初めてだったのですか。以前にもあったのでしょうか。

小田中　いや、破防法だけではないと思います。たしかではありませんが、大会の折には、刑法学会としての懇親会が終わった後に民科とかその他の方にも呼びかけて、有志の懇談会がよくあった記憶があります。例えば刑法改正があればその問題についてなど、その時代の一番のトピックス、問題についてはずいぶんやりました。

歌声喫茶「バラライカ」にて

――川崎　今は刑事法学フォーラムという形で、刑法学会の前夜に集まって二、三時間ぐらいでやっています。大会懇親会の後はやっていません。時代のトピックを取り上げ、先生が作られた伝統を引き継いではいますが。

破防法問題の後、先生がかかわられた立法問題は国家秘密法、盗聴法、少年法改正問題など多々あります。私自身が覚えているのは、盗聴法問題については何度も学者声明を出しましたね。四回ぐらいでしたか。

――白取　二人で作ったのですね。川崎さんが原案を作って、先生が直されたと聞いています。

――川崎　私が作成した原案はほとんど真っ赤になって返ってきました（笑）。でも、それを私は今でも大変感謝しています。声明を作るというのはこういうふうにして作るのだということを体感しました。それと、論文とは違う声明文ではありますが、先生に添削していただいたのですから。そんな機会を得ることは滅多にないことですよね。一字一句、先生の直接指導を受けたわけです。

小田中　私には変な癖があって、ご迷惑をかけました（笑）。『盗聴立法批判』も白取さん、村井敏邦さん、川崎さんの四人で出しましたね。

——**川崎**　たしか、あの本も教授会の時に先生の横に座って、こういう企画で、というところから相談しはじめ、途中教授会を抜け出して白取さんや串崎さんに電話連絡して、教授会が終わる頃には、本の構成ができあがっていたのですね。

——**白取**　教授会の時に作っていたのですか。

——**川崎**　そう。串崎さんが決意して日本評論社から出すことになったわけです。非常にやり甲斐のある時期でした。先生には、こういう立法問題にも学者としての取り組み方があるのだと教えられました。外尾健一先生が先生に対して、東北大に先生が来られる時に投げかけられた質問に対する回答の一つですが、学者としてこういう問題について取り組むとはどういうことなのかを教えられた気がしました。

小田中　そう思ってくだされればありがたいです。

——　先生自身、声明文はずいぶん書かれたのではないですか。

小田中　そうですね。声明というものの持っている意味を私に教えて下さったのは、利谷先生です。利谷先生、清水先生、江藤先生、私と何人かの弁護士の方々とで、日民協の司研集会の基調報告を何回か書いた折に、その書き方を教わりました。何といっても一番教わったのは利谷先生です。組織としての基調報告とはこういうふうに書くものだということを、です。

声明文を書くのはなかなか大変ですね。勘どころを押さえて、短い言葉で、みんなに分かるように訴えて賛同を得る、署名を取る、運動にしていく。その作業を私は、清水先生、江藤先生、利谷先生、当時の民科のさまざまな方から学びました。私の力は微々たるものですが、本当に勉強になりました。

11 東北大学時代の諸先生

—— 先生の赴任時、東北大学法学部には広中俊雄先生、外尾健一先生がおられ、同僚となったわけですが、他に東北大学には世良晃志郎先生もおられましたし、樋口陽一先生もおられました。今考えると錚々たるメンバーだったと感じます。各先生方との思い出が、さまざまにおありだと思いますが、ざっくばらんに語っていただければと思います。

小田中　広中先生からは、論理と事実の持つ厳しさを教えられました。私がある冤罪事件で先生に署名を頼みに行った時、「小田中君、これで本当にいいのか、本当に冤罪か。論理的にちゃんと説明してみなさい」と言われました。先生から教わったことはたくさんあります。人間は思想を持たなければだめだ、思想あっての理論、理論あっての論理、論理あっての体系だということを教えられました。ですから、ある意味で先生は恩師だと思っています。先生は二〇一四年二月二四日、逝去されました。その時に先生に捧げた弔詞と「広中先生と私」を書きました（廣中俊雄先生を偲ぶ会編『廣中俊雄先生を偲ぶ』二〇一五年、所収）。豊かな感情の上に組み立てられた鋭い論理は、余人を以ても代え難いものでした。

世良先生は西洋法制史です。先生はマックス・ウェーバーを尊敬しておられましたが、私はウェーバーにはある種批判的でした。東大経済学部時代にウェーバーの本を読んで、ウェーバーには哲学らしきものはあるけれど哲学はないと思ったのです。

順不同でいえば、樋口陽一さん。あの人は独特な人だと思います。フランスはもちろんのこと、琵琶がお好きだったり、日本文化にも造詣が深い方です。ただ、樋口憲法学としての根幹を形づくっているのは「個人の尊厳」です。広中先生のお考えの根幹は、「人間の尊厳」です。では、「個人の尊厳」と「人間の尊厳」とはどこが違うのかという問題があります。私は、「個人の尊厳」では不十分で、「人間の尊厳」のほうが優れた哲学的な意味を持つと思います。「個人の尊厳」ということになると、バラバラな個人がいる、それを統合して社会の進歩に役立つ力にするものは何か、が問題になるのですが、このことについては樋口さんは語らないのです。もちろん優れた学者であることは言うまでもありませんが、そこが樋口さんの限界ではないでしょうか。バラバラな個人を統合する力は何かということについて、私は「人間の連帯」の力だと思います。しかし、そういう答えを樋口さんは出さない。それは私にとって不満でした。

―― 先生のジョイントゼミで樋口論文を取り上げて勉強しました。『人権――一語の辞典』（樋口陽一、三省堂、一九九六年）です。まさに個人主義の問題について議論しました。憲法の院生も来て議論しました。

先生は、樋口先生と「伝統的裁判官像か民主的裁判官像か」という形で論争されましたね。『社会科学の方法』に先生は「刑事手続純化論等などについて」（四二号、一九七二年）を書かれました。

小田中　そうです。東北大学には社会科学の方法研究会がありました。その研究会で、報告せよと言われたのです。当時、樋口さんが司法について論文や本を書いておられました。私も司法には関心があって、それであの論文を書きました。その時、個人主義という概念では社会は進歩に貢献する理論は築けないのではないか、進歩しないというか、進歩するパワーが出てこないのではないか、と私は思いました。

――先生の東北大学在職時には、行政法に藤田宙靖先生がおられました。その後、最高裁判事になられましたが、藤田先生が書かれた論文（「法解釈学説と最高裁の判断形成」）に対して、先生は批判論文（「裁判にとって法解釈学は無力か」）を書かれました。あの論争の藤田先生の返事はまだ、論文の形では発表されていないのですか。

小田中　返事はありました。藤田先生の論文は『東北学院法学』に載っています（「東北学院大学法学部設置五〇周年記念公開学術講演会『裁判と法解釈学』再論――小田中聰樹氏からの批判を手掛かりとして」）。それに対して私は再反論していません。皆さんから見てどう感じたか分かりませんが、私は藤田さんに何も恨みがあるわけではないのですが、若い人に対して理論というものが無力だと言わんばかりの趣旨の藤田論文にはどうしても我慢ができなかったのです。

私は生涯で二回だけ論争らしいものをやりました。一つは樋口さんとの論争です。しかし、これは、君子というのも変ですけど、お互いに分かり合ってやった論争です。根深いところでは哲学的に違うと思いますが。もう一つ、藤田さんとの論争の場合には、私は、明らかに若い人に悪影響を及ぼすのではないかと思ってあの反論を書きました。

12　大学運営のことなど

――先生は東北大で法学部長をされましたが、学部長時代は大学院重点化の全国的な動きの中にありましたね。大変な時期だったのではないかと思います。

小田中　私は学部長になるなんて夢にも思いませんでしたから、直前まで『赤旗』に書いたり、さまざまな社会活動や理論的な活動をやっていました。学部長になって初めて大学の存在意義のようなものを考えさせられて、広中先生の敷かれたレールに乗ったような学部運営をやりました。やってみると、広中先生という方は大した方だということを再認識しました。

――学部長職はきつい仕事ですよね。

小田中　きついけれど、私にとっては、楽しいとまでは言いませんが、何かの役に立つかなと思いました。私が心がけたのは、まず法学部の意見をまとめ、他学部と妥協しないこと、文科省と妥協しないこと、自分の信念を貫くこと、この三つを心がけました。

――信念を貫いて、文科省と妥協しないというのは、かなりしんどいことだったのではないかと思いますが。

小田中　しんどいというか、当時は大学院が重点化していく段階でした。年一回、全国法学部学部長会議があって、私が初めて出席した時に突然、当時東京大学の石井紫郎氏が大学院重点化の話を出したのです。突然ですから私もびっくりして、最初は何が何だか分からなかったけれど、よく考えるとおかしいじゃないか。直感ですが、大学院重点化というのは大学の自治を損なうし、学者にとって決していい学問的環境をつくるものではないと考えました。

そこで石井提案にストップをかけて、考えさせてくれ、大学に持ち帰って議論するから、と述べて退席しました。帰ってから教授会で議論して、やはりおかしいのではないかとなって、東北大学法学部としてはこの話には乗らないということになりました。

——全国の大学が大学院重点化に動いたけれど、東北大学はしばらく動かなかったのですよね。

小田中 そうですね。

——文科省がしびれを切らして、北海道大学は動いたけれど、なかなか認めてもらえなくて、結局は最後、東北大学と一緒に重点化になったのです。

——豊崎 そのお話を以前に先生からうかがったことがあります。私たちはちょうど先生方がその問題に対峙していた頃の院生でしたので。先生が退官される時に、有志の院生で先生からお話をうかがったことがあるのですが、その時に先生は今おっしゃったこととほとんど同じ話をされました。とにかく直感的におかしいと思ったから僕はノーと言った。おかしいと思ったらイエスと言ってはだめだ。ノーと言わなければいけないと（笑）。これがとても印象に残っています。渕野貴生さん（現立命館大学）や私などは、まさに先生がノーと言ってくださったお陰で、少なくともその何年間かは研究環境に恵まれていたので、本当にありがたかったなと思いました。

——直感でおかしいと思っても、ノーとはなかなか言えないものですが。

小田中　私は、性格はそんなに激しくないと思いますが、私の長男の直樹にもよく言いますけれど、「おかしいと思ったら必ずノーと言え。とにかくストップだと、まず結論を言う。それから何が理屈を考えればいいじゃないか」。これはおかしい、これはおかしくない、これはまあだという、その直感が大切と思っていました。

――今のは大学院重点化のお話でしたが、その後、独立行政法人になって、教育基本法が改正になって、教授会の自治も形骸化して、学長の力が強くなる。大学の置かれている状態が、特に国立大学はどんどんひどくなってきています。先生は重点化のあたりから、やはりおかしいというお考えを強く持っていらっしゃったわけですか。

小田中　私はおかしいと思いました。これは直感です。初めは理屈はよく分かりませんでしたが、今ではよく分かります。

――当時はまだ民主的というか、教授会の自治なり、先生方の決めたことが通用する時代でした。

小田中　そうです。

13　民科理事長について

――先生が民科の理事長をやられたのも東北大学時代でしたよね。民科の理事長も学部長とは違った意味で、なかなか責任が重かったのではないでしょうか。

小田中　私にとっては学部長よりも緊張を強いられました。どういう割り振りだったのか分かりませんが、私に民科の理事長をやれということになりました。前の理事長は清水誠先生で、名理事長でした。ちょうどイラク戦争の時期だったので、イラク戦争をどう見るか。民族解放闘争、ベトナム戦争をどう見るか。これは民科の中でも意見が分かれるわけです。あれは解放戦争だから正しい戦争だという意見と、そうではないという意見に分かれました。特に若い方は迷うじゃないですか。私たちの年代の場合、憲法の趣旨から見ても、国際法の趣旨から見ても、イラク戦争は不正義の戦争です。ベトナム戦争は民族解放戦争ではあるけれど。とにかく意見がうまくかみ合わない時期でした。ですから、私が出そうと思った声明が一再ならずうまくいかないことがありました。

——イラク派兵の声明は、理事会声明では出なかったのですか。何か出したような気がしますが。

小田中　出したと思います。

——あの時期、事務局長が中村浩爾さん（当時大阪経済法科大学）ですね。

小田中　中村さんが事務局長をやって下さいました。今でも付き合いがありますが、中村さんもなかなか個性が強くて、一家言のある人で、何というか単純な方ではない。

——先生は人を強く惹きつけるところがあると思いますが、中村さんも先生に惹きつけられていますね。

小田中　中村さんは、よく私に付き合って下さったと思います。私もなかなか自分の意見を変えないところがあって、苦労したのではないでしょうか。

——**豊崎**　民科の中で「民科九条の会　やってみんか」を立ち上げて、中村先生が事務局長で、私も事務局員として入って、現在も続いています。とにかく絶やさずに頑張ってこられたのは、中村先生あってのことだと思っています。

小田中　中村さんにはそういう粘り強さと自らの運動論があるので、民科が運動しないのが不満で、運動しない民科は民科らしくないと考えておられたのではないでしょうか。そこで私と中村さんは意見が一致した。運動しない民科は民科ではない。運動といっても理論面もあるし、社会的な活動の面でも必要な活動をしなければいけない。

――先生が理事長の時に副理事長は戒能先生でしたか。それとも森英樹先生ですか。

小田中　いや、戒能さんです。

――その後、戒能先生が民科の理事長となり、その後の理事長が西谷敏先生だったと思います。そして、その後が広渡清吾先生です。

小田中　戒能さんは理論家だし、西谷さんはわりと穏健で、社会法の大家です。しかし、よく私の如き者で民科の理事長が務まったものだと思います。

――民科という学会は運動体的側面もあるし、理論学会でもあるし、なかなか大変な責任があります。

小田中　そうです。

――**豊崎**　特定秘密保護法の時に、これは声明を出すべきだということで、中村先生や斉藤豊治先生などが執行部にかなり働きかけたのですが、なかなか動かない。最終的に声明は出ましたが。もちろん学会ということがあるので、何も理論的な裏付けがない運動体ではないはずだけれど、声明はタイミングを逃さず出すべきだという流れと、慎重になってしまう流れとが民科の中にもあります。安保関連法案はあまりにひどすぎるというのもあって声明が出ました。民科内に「民科九条の会　やってみんか」ができた時にも、たしか異論があったはずですが、今は会報に宣伝が載るぐらい公認されています。会員の中にもいろいろな考え方があると思いますが、実践、運動の意義を再確認しなければならないと私自身は思っています。

14　時代が思想を作る

――先生は自分は早熟だったとお話しされましたが、お話を聞いていると、たしかに一歩抜けて早熟だったのでしょうね。

小田中　一番大きかったのは、父が出征したことです。たった一年ですけれど、中国の延安の近くの中共軍の一番強い地域に派兵されました。父が結核で帰って来るまでの一年間、特高は来るし、母が苦労するという戦争体験があるので、私は否応なしに社会的な現象に興味を持って、中学生の頃から弁論大会に出たり、高校生の頃は盛岡高校生平和協議会に参加したり、学生としてできることをいろいろやりました。

――そういう事柄があった時に、それをどう受け止めるかが問題であり、先生がそのような受け止め方をされたところが、早熟だったのではないですか。

小田中　いや、そうでもないと思います。やはり時代背景があって、私のような経験をした人は大勢います。私は、大学時代に東大の正門前にあった新星学寮という学生寮的な自治寮に住んでいましたが、そこの人たちなども含めて早熟というか、学生運動には必ずしも直接タッチはしないけれど社会的な関心を深く持って物事を深く考える人はかなりいました。

「九条の会」をしてみて分かったのは、若い頃に抱いた思想を曲げないで、現在では例えば「九条の会」とか、あるいはそのような運動をやるとか、こういう人が多いということです。やはり時代ですね。時代が人を生む、時代が人を作る、時代が思想を作る。私たちの時代は戦争の時代であり、戦後民主主義の時代であり、六・三制の教育に規定されて、憲法を中心に物事を考えるということになったわけです。

15 研究者となった門下生

――先生のゼミ出身で研究者になっているのは、東北大学では福島至さん（現龍谷大学）をはじめ数名おられますね。行政法の大貫裕之さん（現中央大学）は専門が違いますね。

小田中 大貫さんはもともとは樋口憲法学をやりたかったけれど、樋口さんが東北大学からいなくなったでしょう。それで行政法をやることにしたのです。当初、私に刑訴法を研究したいと言ってきたのですが、樋口憲法学をやりたいと言っていたことを思い出し、一番近い行政法が適していると言って、断ったのです。

――研究者になる人についても、先生は来る者は拒まず、という感じだったのでしょうか。

小田中 そうですね。大出君も、最初は利谷先生の法社会学をやりたいと思っていた。福島君は、最初は労働法をやりたいと思っておられた。どこかでどう食い違ったのか分からないけれど、突然、刑訴法をやりたいということになった。私もずいぶん考えましたが、やりたいというならば、どうぞと受け入れました。渕野貴生君は、はじめは報道の自由をやりたかった。刑訴法という観点から報道の自由を

第１期ゼミ生卒業10周年記念（湯ヶ島温泉にて）

扱うのは重要なテーマだというヒントを彼に与えましたら、それならと、刑訴法をやることになった。豊崎さんは自分でテーマを見つけました。

――松代剛枝さん（現関西大学）もいますね。

小田中　松代さんは、証拠開示が最初からのテーマでした。お父さんがマックス・ウェーバーの研究者だったので、本当は西洋法制史をやりたかったのか、または、やりなさいと親から言われたのか分かりませんが、刑訴法を専攻し、証拠開示を研究すると、自ら決心したのです。

――あとは梅田豊さん（現愛知学院大学）、新屋達之さん（現福岡大学）、冨田真（現東北学院大学）さんがいます。

小田中　新屋君、冨田君は中央大学から、梅田君は新潟大学から来られたのです。新屋君と冨田君は、渥美東洋先生が個性的な人で合わないというので、東北大学に来ました。

――梅田さんは博士課程からですか。

小田中　そうです。梅田君は、澤登佳人先生（新潟大学）のお弟子さんで、その影響が非常に強かった。澤登門下生でしたから、私は指導らしきものはしませんでした。自分で自由にテーマを決めました。研究者というのは、自分でテーマをつかんで自分で研究するのが基本だと思っていましたから、テーマを与えたりはしませんでした。私は、教師としては弟子を突き放すというか、手取り足取り厳しく鍛えるというタイプではありませんでした。

——今お名前が挙がった方々は、みんな先生を追いかけて大学院へきました。他方で、家永登さん（現専修大学）については、むしろ先生が研究者になるように誘ったとか。家永さんとのエピソードを読んだ時、先生が研究者へと誘うこともあるのだと大変印象的でした。

小田中　家永さんは、東京大学がちょうど大学紛争で入試を休止した時の学生だったのです。

——東大入試がなかった年がありましたね。

小田中　それで東京都立大学に入学しましたが、「公訴事実の同一性」についての大論文を書きました。これは素晴らしかった。

——学生時代に書いたのですか。

小田中　ええ。彼は研究者の子息でもあるし、研究者になるかなと思って、「どう？　研究者にならないか」と聞いたら、逆に父君が大研究者だったこともあってか、来ませんでした。

——家永さんは卒業後、日本評論社にいらっしゃいました。

小田中　家永君が日本評論社に面接に行ったその後、同社の大石進さんから電話がかかってきました。家永君は本当に日本評論社に来るのだろうかって。

――日本評論社に一〇年近くはいらっしゃったと思います。

小田中　その後、同僚としてまた、専修大学でご一緒しました。彼は彼で立派な研究者になられました。

16　東北大学大学院ジョイントゼミ

――**豊崎**　川崎先生が東北大学に着任後、月に一回、先生の大学院のゼミと川崎先生の大学院のゼミとでジョイントゼミをしようということになりました。小田中先生、川崎先生はもとより、守屋克彦先生、東北学院大学にいらっしゃった田中輝和先生、福島大学や山形大学にいらっしゃった岡田悦典さんや高倉新喜さん、もちろん仙台在住の新屋達之さん、冨田真さんも参加されて、近時注目される論文や著書について検討し、そのあといつも飲み会がありました。

私は先輩の渕野さんたちとその思い出話をすることがあるのですが、あのジョイントゼミで刑訴法の問題についてものの見方が鍛えられたというか、養わされたというか、大変ありがたい機会でした。ジョイントゼミについてお話しいただけたらと思います。

小田中　東北大学に川崎さんが来ていただいたのは本当によかったと思っています。私自身にとっても学問的刺激になりましたし、東北大学としても、天下に東北大学の刑訴法ありという役割を果たして下さいました。川崎さんとのジョイントゼミは思いつきのようなものですが、新しい考え方や、最新の情報が川崎さんを通じて入ってくるのは非常にいい機会でした。

大学院の方々、あるいは田中さんをはじめとして近辺の研究者の方々も、川崎さんにはずいぶん学んだのではないでしょうか。その意味で、私にとっても川崎さんの存在は大きかったです。

――川崎　私自身も本当に勉強になったと思うのですが、あのジョイントゼミは、言ってみれば「刑事訴訟法学の動き」の東北大学版でした。刑事訴訟法分野だけではなくて樋口先生の論文も取り上げましたので、その意味では「法学の動き」と言えるのかもしれません。先生を中心に東北地域の刑事訴訟法関係の学者、院生が集まって、注目される論文や著作の意義と問題点を議論できたことは本当によかったです。

小田中　本当にそう思います。

――白取　どんなテーマでやっていたのですか。

――川崎　特定のテーマではなく、公刊された著書や論文の論評の形で進めました。論文は記念論文集を中心に取り上げて、一回にだいたい三本取り上げましたね。

――豊崎　論文の場合には毎回三本ぐらいを取り上げる、単著の著書の場合にはその単著ともう一つ論文という感じでした。

――川崎　報告者は準備するのも大変だったと思いますが、本や論文を読むだけではなくて、その意義と問題点を議論できるのは大変いい機会でした。そんな機会はそうそうないですよね。「刑事法学の動き」はそういうものですけれども、取り上げるのは一本か二本ですね。

小田中　川崎さんとか若い方々を中心にした研究会ですから、私はあまり口を出さなかったのではないかな。

――豊崎　先生は一言、二言、ずばっと（笑）、核心を突く評価をされました。それが、記憶に残っています。

――川崎　そこですね。ああ、そういうことなのかと完結した理解となるわけです。助手・院生は豊崎さん、渕野さん、伊藤睦さん（現三重大学）、山崎俊恵さん（現広島修道大学）、冨田さんで、あとは仙台在住の新屋君、松代さんも出席されましたね。程々の人数がいたということが大きいですね。

小田中　七、八人は必ずいましたから。やっぱり若い方の意見は新鮮さがあるのですね。私は、教育というのはErziehung、こちらから与えるのではなく、その人が持っているものも引き出すことが教育だと思いましたから、できるだけ自由に考えを主張してもらい、一言、二言は注文めいたことを言ったことがあるかもしれませんが、できるだけ口を出さなかった。どのゼミの場合にもそのように心がけたつもりです。

――豊崎　私の中では黄金時代というか、この時機に遭遇し勉強させていただいて本当によかったなと思います。大学院で自分の論文のテーマとして何を選ぶかということを取ってみても、あるいは論文の指導を取ってみても、先生がおっしゃったように、引き出していただいたというか、先生は私よりも私を分かっていらっしゃるのではないかと思うくらい、「ああ」と感じ入る瞬間がたくさんあった。とても恵まれた院生生活だったと思います。

小田中　そういうふうに思っていただければありがたいのです。先ほども言いましたように、私には教育というのはErziehungだという考え方が基本にありましたから、あまり細かいことは指導しませんでした。いろいろな指導の仕方がありますが、私は、その人の持っているテーマについて、こういう考え方があるのではないか、こういう面もあるのではないかということは言いますが、テーマ自体を歪めたりするようなことはしませんでした。その人の持っている力を信じて指導したというか、話し相手になるという気持ちでした。

——川崎　なかなか難しいですね。言うは易くですけれども、われわれも今はそのように指導する立場に立っているわけですが、その人が持っているものを引き出すというのはなかなか難しいですね。

——豊崎　先生からみれば、はがゆいところがいっぱいあったのではないかなと。本当にすみません。

小田中　はがゆいというのではなくて、豊崎さんとしては毎年毎年自分の持っているテーマを固めていくわけでしょう。テーマは一つではなくてだんだん広がっていきますよね。例えば、渕野君の場合は報道の自由から入って、今では刑訴法全般を研究しておられる。そういう広がりを持って研究者として伸びてきている姿が、私にとって一番うれしいことでした。

17　ドイツ留学

——東北大学時代の一九八四年に、先生はドイツのボン大学に一〇ヵ月間留学されて、そのあとアメリカに行かれたのですね。

小田中　そうですね。

——ドイツ留学の思い出で何かありましたらお話し下さい。

小田中　順番で留学できる制度があって、その機会にちょうど父が病気になってしまい、どうしようかと悩んだのですが、幸い妻が父を引き取ってくれて、私の自宅で暮らすことになったものですから、それでドイツに行く決心をしました。

ドイツのどこへ行ったらいいか、いくつか論文を読んでみて、グリュンバルト（G.Grünwald）という、存地方生まれ（チェコだったように思います）の学者が西ドイツのボン大学におられることがわかり、存外リベラルな論文を書いていることが分かりました。そこで彼に手紙を出して、彼の了解を得てボン大学に行きました。グリュンバルト先生には本当に感謝しています。毎回、先生のゼミと講義を拝聴しました。グリュンバルト先生だけではありません。プッペ先生もおられました。とにかく、皆さんが好意的に接してくださいました。例えば、ゼミの途中で必ずビールタイムがあって、ビールを一緒に飲む。それを配ったりする助手の役割をしました。当時、西ドイツはアデナウアーの時代から脱却して民主的な方向に行く頃でしたので、グリュンバルト先生とそういう話をしたりしました。

――ボンへは先生お一人で行かれたのですか。奥さまは同行されなかったのですか。

小田中　そうですね。家内は一度遊びに来ました。ボン大学にゲストハウスがあって、そこに住みました。二〇人ぐらいかな、いろいろな国の人がおりました。日本からも英語の研究者で早稲田大学の上田先生がおられました。彼は、英語というのはドイツ語にルーツがあるという研究を発音学的な観点から研究していました。それから、新井先生という日本文学研究者、東北大学農学部の鈴木先生もおられて、多士済々。近所には通産省から出向している人がいらしたりして、いろいろな交流を持ちました。

それと、ボンでは忘れがたいことがいくつかあるのですが、一つは学問外的な話で、遠藤さんという老人がおりました。今思えば七〇歳ぐらいの方だったのでしょう。ボンの駅の広場で、日本人と見ると声を掛けて下さっていたのです。よく分かりませんが、彼は戦争中は陸軍の諜報活動の一端を担っていたのではないかと思います。彼の娘さんでフィッシャーさんという方がおられて、お母さんが日本人、お父さんはその遠藤さんだったのです。私は、フィッシャーさんと仲良くなってずいぶん助けられました。彼女は、はじめはベルリンにおられて、それからボンに移るのですが、ベルリンの頃にヘンさんというマレーシア出身の方に出会って一緒に暮らしておりました。

ヘンさんは、マレーシアで学んだ技術者なのですけれども、マレーシアの政治犯としてお尋ね者になってしまい、はじめは日本から出航してスペイン、そこから東ドイツに行って、西ドイツに移られた。ヘンさんからは西ドイツの政治状況やいろいろなことを教わりました。私は東大経済学部時代に新星学寮という寮にいたのですが、ヘンさんもその寮にいたことがあったのです。奇遇でした。

——ヘンさんは日本留学もされていたのですか。

小田中 ええ。そういうことが、あとで分かったのです。ドイツの生活は学問的にもおもしろかったけれども、そういう意味でもおもしろかった。

——奇しき縁ですね。

小田中 奇しき縁がいっぱいありました。ほんの一部しか話していませんけれども。

——大出さんからの又聞きですが、先生がドイツ留学中に翻訳されたものがあって、それは出版には至っていないということですが、どういう本だったのですか。

小田中 西ドイツの戦時中の政治犯罪について書いた本があって、滞在中それを私が日本語に全訳したのですが、出版には至りませんでした。

――ドイツの政治犯というのはナチス時代ですか。

小田中　そうです。ナチス時代の政治犯罪です。

――それは刑事裁判にかかわるようなものでしょうか。

小田中　第二次世界大戦時の政治犯の刑事裁判のプロセスや時代背景などを書いたものです。ですから、翻訳すればそれなりの価値があったと思います。

――それは先生の大正刑訴法、それから戦時刑事手続との関心と結びついていたのですか。

小田中　そうです。清水誠先生が『ファシズムへの道――ワイマール裁判物語』（清水誠編、日本評論社、一九七八年）という本を出されていますが、そのお手伝いをして論文「フェーメ殺人事件」を書きました。その論文に未発行の全訳が生きていると思えば、私が訳本を出さなくてかえってよかったのではないでしょうか。

――先生の手元にその全訳があるわけですね。

小田中　あるのですが、今どこにあるのか。たぶん書斎にあると思います。

――ドイツでの生活は楽しかったですか。

小田中　そうですね。私にとっては刑訴法の理論を突き詰めて勉強するというよりは、ドイツの民主化への動きを肌で感じたというのが一番の大きな体験でした。留学すると論文を書くのが普通なのですが、私はそれもついにできませんでした。ちょうど日本で司法修習のあり方が検討されていた時期で、ドイツに日弁連から調査団が来ました。日弁連の調査団は、フランクフルトで調査したり、ボン大学からヒアリングをしたり調査をされた。そのお手伝いをしました。

――それは法曹養成制度か何かの調査ですか。

小田中　そうです。その調査の内容は、日本弁護士連合会編『西欧諸国の法曹養成制度――フランス・西ドイツ・イギリス視察団報告書』（日本評論社、一九八七年）という本に掲載されています。

第3章　専修大学時代

1　専修大学へ——その経緯

——東北大学で定年を迎えられた後、専修大学に行かれたわけですが、その経緯はどういうものだったのですか。

小田中　これも奇しき縁なのですが、東北大学が終わる頃、日本刑法学会の懇談会で専修大学の岩井宜子さんとご一緒しました。その時に岩井さんに、「東北大学のあと、行き先は決まっていますか」と聞かれました。「いや」と私が答えたら、「うちに来ませんか」とおっしゃってくださったのです。その時はすぐには返事をしませんでしたけれども、何ヵ月か経った時に、専修大学について調べてみると、専修大学は今村力三郎氏（弁護士）が深く関わった大学で、かなり研究水準が高い。しかも一番魅力的だったのは、専修大学の社会科学研究所では山田盛太郎先生がかつて所長をしたことがあった。そういう伝統ある立派な大学だということが分かりました。私は岩井さんに手紙を書いて、もしも引き受けてくださるなら専修大学に行きたい、とお願いしました。岩井さんからはすぐ返事が来て、いらっしゃい、ということでした。ちょうど日高義博先生が刑法では講座を開いておられましたけれども、日高先生も了承された。それで行くことになりました。

ですから、専修大学へ行くことになった経緯としては岩井さんのお蔭です。心から感謝しております。

――そうすると、専修大学は庭山英雄先生のあとに先生が刑事訴訟法担当となられたことになりますね。

小田中 そうですね。専修大学には隅野隆徳君という憲法の先生がおられて、彼は私と東京大学駒場時代の同級生でした。専修大学は、学生のタイプが東北大学とは一味違うのです。九州から北海道まで全国から集まってきて、警察官になりたいという人がわりに多かった。私はゼミ生は選別しませんでしたから、いろいろな学生がいて、その中には現職の自衛官、それから皇居の警護官もおりました。東北大学にもおりましたけれども、中国人もおりました。でも、本当に素直というか、かわいいというか、今でも時々遊びに来てくれます。とてもいい大学で、楽しい七年間でした。

――東北大学時代と同じようにコンパもよくされたのですか。

小田中 コンパはやりました。新しいタイプの居酒屋がありますね。

――「和民」とか。

小田中 そうそう。ああいうところで度々やりました。

――でも、歌声喫茶の「バラライカ」はないですよね。

小田中 「バラライカ」はない（笑）。でも、コンパは本当によくやりました。

――当時、専修大学では大学院生はいたのですか。

小田中 大学院生もおりました。大学院生は、直接のお弟子さんというよりも、岩井さんと一緒、日高先生と一緒というように、共同のお弟子さんが四人か五人おりました。

——佐藤元治君がいましたね。

小田中　佐藤君もそうでした。彼は本当にまじめな人だった。

——先生が行かれた時はもう、佐藤君は大学院生でしたか。

小田中　ええ、もうおりました。毎回私のゼミには出てきました。

2　司法改革

——先生が専修大学に行かれた時期は司法改革の時期ですね。

小田中　そうですね。

——一九九九年に専修大学に移られた後の、二〇〇一年に司法制度改革審議会の最終意見書が出ています。それと同時期に、先生の『司法改革の思想と論理』という論文集が出るわけですが、東京に行かれて、まさに司法改革の渦中ですから、講演も含めていろいろなところに引っ張り出されたのではないかと思います。

小田中　そうですね。専修大学でも、私は司法改革には否定的な考え方を持っていましたから、専修大学が法科大学院を持つことが本当にいいかどうかということを教授会ではさんざん議論して頂きました。公然と反対したのは私ぐらいだったのですが、最後に、この司法改革あるいは法科大学院制度が大学の自治を守れるかどうか、各自おっしゃって下さい、と問いかけました。

―― 教授会でですか。

小田中 はい。みなさんが答えて下さいました。

―― 全員がですか。

小田中 ええ、ほとんど全員です。疑問もあるけれど、已むを得ない、というのが大勢でした。私立大学の論理と事情としてはそうだろうなと思いましたけれども、私の見方では司法改革、特に法科大学院がいずれ破綻するだろうということは、常にはっきりと教授会でも発言し、論文でも書いてきました。

―― 司法改革に対する先生のスタンスを形成した一つの要因は、仙台で規制改革のフォーラムをやっていたことにあったように思います。

小田中 そうです。

―― ああいうフォーラムでの議論が先生のお考えの前提にあったわけですね。

小田中 私にとっては勉強になったフォーラムでした。静岡大学の本間重紀さんがまだお元気で、彼にも仙台に何度も来ていただいて、いろいろな分野の人に集まっていただいて、規制改革研究会みたいなものを、日民協の仙台支部で何回か行いました。

その中で労働、福祉、刑事司法、教育の問題も含めて、さまざまな分野の方から研究報告が行われました。それらの報告や議論で学んで、司法改革をいわば相対化して全体の中に位置付けて考えると、司法改革が日本の新しい統治政策の一環だということが、私には何となく見えるような気がしました。それもあったので、司法改革には賛同できなかったのです。

―― 司法改革の問題についてはいろいろなところでシンポジウムなどがあり、日弁連等に行くとかなり激論になったのではないかと思うのですが。

小田中　日弁連には刑事法制委員会があって、私はそこでおつきあいをしたわけです。そこには岩村智文弁護士がおられました。彼は東北大学の出身で、非常にシャープでした。日弁連の中でも刑事法制委員会というのは一味違っていて、盗聴法なども含めて、さまざまな司法改革にかかわる問題について批判的なスタンスを最後まで貫いた。最後には、例の中坊公平弁護士グループに負けますけれどもね。でも、刑事法制委員会は私にとっても勉強の場で、本当に勉強になりました。

――日弁連は司法改革に賛同しましたが、地方では、それに対して批判的な単位会もあり、そうしたところで先生はお話をされたりしたのですか。

小田中　はい。呼ばれれば講演しました。北海道も仙台も名古屋も、わりと反対論が強かった。

――反司法改革でしたか。

小田中　ええ、強かったです。

――ほかの地方でも呼ばれて、先生は行かれたのですか。

小田中　呼ばれて行きました。山形に行った時には、司法改革そのものも含めてですが、憲法の問題について加藤紘一氏（当時自民党）と対談したこともあります。ですから、司法改革その他のテーマで講演活動はずいぶんやりました。

――司法改革の問題では、法科大学院は先生が予期されたようなひどい状態になって、私もその渦中にいるのですが、一方で、先生は裁判員制度に対しても批判をされました。裁判員裁判が施行されてもう八年たちますが、その裁判員裁判の影響なのか、司法にはマイナスだけではなくてプラスの影響も出ているのではないでしょうか。例えば、保釈の運用とか、そういう動きもあるのですが、先生の目から見て、裁判員裁判が運用されてから現在までのプラス面の現象についてどう見ておられますか。

小田中　権力というものは一枚岩ではありません。多重的な構造を持った、まるでヤマタノオロチのような多面性を持っている。だから、司法改革でも、例えば証拠開示という面でプラスに見えるものも一方ではあるわけです。しかし、他方においては秘密保護法のようなものでそれをがんじがらめにしていく。多重の組み合わせでくるわけです。ですから、全体を見た場合には、司法改革のプラスマイナスを総括すれば、権力補強の側面がやはり強いと思います。ただ、実務家の立場でいえば、わずかなプラス面がもしあるとすれば、それを活用しない手はないわけですから、それを使って再審を開始させたりするということはあり得ます。しかし、全体の構造からいえば、それは微々たるもので、必ずその反動というか、権力は元手を取るだろうと思います。

——**川崎**　裁判員裁判が発足した時に、私も手続の構え（構造）が変わらないとうまくいかないのではないか。しかし、裁判員裁判が実施された中では、これを改革に生かせるかどうかというのは刑事弁護の実践上の責任になるのではないか。そう話をしていたのですが、全体を見るとものすごく難しいところもあるなという気がします。

——**豊崎**　先ほどの保釈の件ですが、それは裁量保釈の話です。「新時代の刑事司法制度」を標榜する今回の刑訴法改正案について何がカチンとくるかといえば、身体拘束についてはほとんど何も改革がないわけです。裁量保釈の、しかも従来の運用の仕方について法文で定めるというだけ。なぜ裁量保釈なのか。権利保釈には踏み込みたくないし、さらに言うと起訴前の身体拘束のやり方については絶対死守するということです。

――**川崎**　代用監獄もそうです。

――**豊崎**　取調べ受忍義務もそうです。あるいは、取調べ期間をせめて短くするということなどには、何も手をつけないわけです。学者も迷うところは実際にあると思いますが、少なくともここだけは譲れないという規準を決めておかなければならない。被疑者段階の身体拘束が何も変わっていない、それ一つだけでも、私は問題ありだと思います。

――**白取**　勾留請求却下率が結構上がっていますね。各地方で、例えば埼玉県で裁判官の勉強会ができて、目に見えて却下率が上がってきています。

三・何パーセントと新聞に出ていたけれども、若い裁判官の意識が部分的に変わってきていると言われたりしていますが、本当にそうなのか。あるいは、それを司法の問題としてどう見たらいいのかというのは、ここで結論を出すような話ではないけれども、変化があるとは言われています。それを改めてどう見るかというのは次の世代の話ではないかという気がします。

――**川崎**　新聞等の報道の限りでですが、例えば大阪の事件報道で、弁護人が可視化、テープ録音の要求をして、それを捜査機関の側が蹴った。蹴ったことを理由に、勾留場所を代用監獄から拘置所に変えるというような、昔なら考えられない動きがあった。そういう部分的な動きをどう見ていくかということを最近感じることが多いのです。やはり一定の変化が部分的には表れているのではないか。それをどうとらえて、どう生かしていくかということを考えておかないといけないのではないか。本質論とどうくっつけるかという問題があるのですけれど。

――豊崎　「これで硬直化して暗い方向しかないのだ」みたいなことを言うつもりは全くないのです。この難しい局面がずっと続くということではなく、もちろん実践的に動かしていくことも重要です。そのためにも、ここだけは譲れないと考えていたはずのものを、流されて軟化させてしまうことがないように、とも思うのです。すみません。ジョイントゼミのようです（笑）。

――川崎　先生も含めたそういう研究会の機会があったらいいのですが。権力は多重的で、一枚岩ではないというあたりから生ずる問題でもあるのですね。

小田中　きっとこれから、そういう場面でのさまざまな問題が出てくると思います。

――以前のように、盗聴法という形だけであれば対応しやすい部分があったのですが、今は改革部分を小出しにしながら、その一方で反改革を出してくるわけです。今の刑訴法改正案もそうです。

権力側の対応が巧妙になってきているということかもしれません。先生が言われた多重的な絡み合いの中でどう見るかということだといえます。こういう議論の時に、先生が研究会等にいてくださったらとも思います。なかなか叶わないのですが、それはわれわれの責任ということになるでしょう。

3　横浜事件

――先生が専修大学に行かれてから、横浜事件の再審が動き出すことになります。竹澤哲夫先生との関係でしょうか、先生は意見書を出されていますね。横浜事件とのかかわりのきっかけはどういうところだったのでしょうか。

小田中　再審制度研究会で、竹澤先生から私に、横浜事件を免訴でやることは考えられるだろうか、という問いがあったのです。私は、本来は免訴ではなくて無罪の主張が正しいと思っていましたが、次善の策として免訴ということも考えられると思います、と答えました。

私はその後、横浜事件の弁護団会議に毎月のように参加して、弁護団の意見を聞きました。再審請求人の間には無罪を主張する人が強かったのです。例えば、木村亨夫人のまきさんは、無罪の主張が強かったのですが、無罪と免訴と両立ていく、それでどちらかを取れば勝利だというふうに私は考えました。弁護団会議もだいたいそのような線でいって、無罪または免訴を求めることで意見はまとまったように思います。免訴の主張をする場合にも、これまた大変難しい問題があって、私は四苦八苦しましたけれども、最後には最高裁判所宛てに、免訴すべきだ、という意見書を書きました。

――　免訴の意見書と免訴事由があるけれども無罪判決を言い渡すべきだという意見書と、二つ書かれたということではなかったのですか。

小田中　最高裁に書いたのは免訴だけです。

――　『法律時報』に載せた論文ですね（小田中聰樹「横浜事件再審上告審への法律的意見書」法律時報八〇巻三号〔二〇〇八年〕）。再審制度研究会で先生が免訴論を報告されて、鈴木茂嗣先生と議論されていた記憶が残っています。あれは意見書を出される前だったように思います。

小田中　免訴の意見書を書く時には、鈴木さんのあの難解な理論を勉強して学びました。

――　竹澤先生が最初に免訴の主張ではどうかという発想をされたのでしょうか。

小田中　免訴のアイデアは竹澤先生ならではの発想でした。竹澤先生も本来は無罪論なのですけれども、次善、三善の策としてとにかく免訴で再審の門をこじ開けてみるということがあったのでしょう。

――弁護団は竹澤先生のほか、環直彌先生もおられたのですね。

小田中　環先生が団長格で、その他にも竹澤先生、新井章先生、齋藤一好弁護士など、錚々たる一流の弁護士で、だいたい一〇人ぐらいでした。

――横浜事件は免訴で再審開始決定を得て、一つ風穴が開いたという感じがしました。

小田中　風穴が開いたのです。国家賠償を勝ち取って、不満は残るけれども、名誉回復は一応できたのではないでしょうか。本当は無罪であるべきことは言うまでもありませんけれども、免訴は、次善、三善の策としては成功と評価しています。

――裁判所側も免訴で、あとは国賠の中で名誉回復を図ればいいという判断でしたね。

小田中　そうそう。そういう二段構えで考えたのですね。

――判決理由の中でもわりと好意的にというか、きちんと書いてもらえましたね。

小田中　そうですね。

――ここは刑事裁判の限界だという判旨でした。それをわざわざ書いたのはよかったと思います。

■エピローグ■　仙台で、今

仙台で、今

川崎英明

二〇〇六年三月をもって専修大学を定年退職された後、小田中先生は仙台市鷺ヶ森の自宅に戻られた。専修大学時代も、ホテル宿泊（学士会館が定宿であったと聞いている）をはさみつつ、基本的には自宅から東京へ通勤する形であったというが、定年後はほとんどの日々を仙台で過ごすことになったわけである。仙台をはじめとした東北各地の弁護士や「みやぎ九条の会」をはじめとした市民団体関係者には数多くの小田中ファンがいるが、その方々が「小田中先生が仙台に戻る」と大いに喜んだ姿が目に浮かぶようである。

小田中先生は、仙台で弁護士登録はされず、自宅で論文執筆活動を続けるとともに、市民団体等の要請に応えて講演活動を積極的に続けられていた。しかし、二〇〇九年一月に奥さまが病に倒れた後は、講演活動は控えて、鷺ヶ森のご自宅で奥さまの看護を中心とし、その傍ら論文等を執筆する静かな生活に切替えられた。そのような鷺ヶ森での日々と思いを最後に語っていただいた。

1　仙台に戻ってから

――先生は専修大学を七〇歳で退職されて、仙台へ戻られて、そのあとは大学の職につくということもなくて、弁護士登録もされなかったのですね。

小田中　ええ、しませんでした。

――先生は退職後はずっと悠々自適で、本を読み、論文を執筆されるというような生活をされているのですか。

小田中　そうですね。お母さん（妻の圭子夫人のこと）、おまえさんが倒れたのは何年？

小田中（妻）　二〇〇九年、私が七〇歳の時です。ですから、小田中は七三歳です。専修大学を退職した三年後のことです。

――二〇〇九年一月に奥さまが倒れられたのですね。

小田中　そうです。一月五日です。ですから、もう講演はできない。

――「みやぎ九条の会」はどうですか。

小田中　「みやぎ九条の会」はメンバーでもあり、その会報があるのですが、それに毎月二回ぐらい論文らしきものを書いています。

――これは月一回発行されているのですか。

小田中　月二回ほど発行されています。

妻の圭子と著者

――「戦争・死刑と国家、そして国家と人民」というテーマですね。

小田中 そういう題で、憲法・司法・教育、その他、ちょうど規制改革のフォーラムの時に似たようなテーマで、年代記のように新聞や雑誌などを見ながら書いて発表しています。それが今の仕事というか、半分趣味です。

――憲法と日本の進路というようなテーマですね。

小田中 最後には死刑問題も書きたいと思っています。戦後から現在までをずっと書いています。

――これからやろうとしていることは、死刑問題なのですか。

小田中 そうです。そこまで考えてみたい。

――九条の会の会報には毎月ずっと書かれる予定なのですか。

小田中 載せてくれるのであれば続けるつもりです。

――もうどれくらいまで書かれているのですか。

小田中　これまでに大体六〇回ぐらい書いています。

――『国防保安法の歴史的考察と特定秘密保護法の現代的意義』の「あとがき」で、先生は、これが私の最後の本になると書かれていますけれども、まだまだ出せるのではないでしょうか。

小田中　いや、本にはならないでしょう。憲法、秘密保護法、労働法、教育法、ありとあらゆる統治政策を年代順に追って書き、今、安倍政権の批判を書いています。

――年譜を見ていると叙勲を断られたということですが、どんなお考えで断られたのですか。

小田中　叙勲の話がきたのですが、私は初めから断るつもりでした。理由は、国家権力を批判してきた者が国家権力から賞をもらういわれはない。そういうことをすれば自分を貶めることになる。そう思いました。それで辞退しました。

――先生のお考えをきちんと聞いておこうと思いました。あれは八月一五日に連絡が来るのですね。

小田中　そうでしたね。そのいきさつを書いた私的な随筆もありますけれども、もらうことはやはり私の良心には反することだと思いました。

2　刑事訴訟法研究者に望むこと

――最後になってしまうのですが、刑事訴訟法の将来、あるいはこれから刑事訴訟法を学ぼうとしている若い人たちに望まれることをお話しいただければと思います。

小田中　藤田宙靖さんに対して批判論を書きましたけれども、そこに書いたように裁判、司法というものは良心の営みであって、裁判官も弁護士も研究者も良心的な存在たるべきである。その良心というのはある種の世界観であり、哲学である。

私が若い研究者に一番望んでいるのは、裁判官なり弁護人なりの良心をサポートするのは学者・研究者の良心です。良心とは何かというのは難しい問題ですが、顧みて自らを恥じることのない心だと思います。裁判に携わる者はやはり良心的な存在でなければならないし、学者・研究者も良心的な存在でなければならない。それに尽きます。

――　先生が研究会に出てこられなくなって数年間も経つわけですが、刑事訴訟法関係でも先生と直接話をしたことがない研究者はかなりいます。若い人に向けて先生が話される機会を作ったと聞いていますが、民科法律部会でしたか。

――豊崎　民科で先生にお話をうかがったことはあったと思います。

小田中　一度だけです。若手研究会で。それはずいぶん前の話です。一〇年ぐらい前だと思います。

――　話が少しそれるのですが、先生は司法修習をなさっていますね。

小田中　ええ。

――　一貫して研究者の立場で実務とか現実を見ていらっしゃいますけれども、専修大学に行かれた時に弁護士もやってみようというお気持ちは一切なかったのですか。

小田中　私にはありませんでした。国家から二年間も給料をもらって司法修習までやりましたが、学

鷺ヶ森の自宅前で

者になった時に、もう学者で一生終わるというふうに決心しました。学者で終わる。それが私の生き方だと決めましたから、迷いはありませんでした。

——国立大学をご定年になったあとも、そういう思いはゼロだったということですね。

小田中　ええ、全くありませんでした。

——**川崎**　私も、「仙台に戻られて、弁護士登録をされるのですか」と聞いたことがありますが、先生は「それはない」とお答えになりました。われわれも、もうすぐ先生と同じように定年後にどうするかという時期になりますので、弁護士登録をすべきかどうか考えたりします。

小田中　いやいや、弁護士になることを私は否定しません。私は弁護士にならないと決めましたけれども、弁護士をされて冤罪者を救うという活動を続けるのは、それはそれで立派な生き方ではないでしょうか。人間は選択の連続ですから、人はそれぞれの道を歩めばよいと考えています。ですから、私は先ほどの叙勲の話でも、叙勲を受けた方を貶めるつもりは全くないのです。おもらいになった方は立派な仕事をされておもらいになった。でも、私はもらわない。それは、人の生き方、考え方の問題です。

——実務のいろいろな場面があります。小さな論点がいっぱいあります。先生はその実務上の小さな論点よりは、もっと大きなところから議論をしようというふうにお考えですか。

小田中　学者になった時はそう思いました。できるだけこの乏しい能力をふりしぼって、そういうつもりでやりました。専修大学を終わった時、妻が倒れたから諦めたというのではなくて、私は初めから学者としての生き方を選んだ以上、学者で終わると心で決めていましたから、迷いはありません。人さまざまだと思います。

――関西では光藤景皎先生をはじめ、前野育三先生、松岡正章先生、斉藤豊治先生も大学定年後に弁護士登録をされて、弁護士として活動されています。

小田中　どういう生き方をしようといいのではないでしょうか。その人の良心を曲げないで生きていけばいいのであって、何になるかというのは選択の問題です。どうぞ、自由におやりになってください。

――もう一つうかがいたかったのは、今、刑事司法改革で司法取引が入ってきて、刑事免責が導入され、被告人の証人適格は外れましたけれども、ある意味では英米法化みたいな動きがあるわけです。たぶん改正問題はこれで終わらないと思うのですが、日本の刑事訴訟法は先生の目から見て、これからどのような問題が持ち出されてきて、どういうふうに進んでいくのか、そういう見通しはお持ちでしょうか。何か英米法化が進んできているような、しかし英米法とも違って、日本的なものの上に部分的に英米法的なものを取り入れることになるのではないかと思うのですが。

小田中　そういう脈絡では、松尾浩也先生が言われたように、日本的な糺問的な岩盤は牢固としてあって、その上での英米法化というのが今の日本の刑事手続の構造でしょう。ですから真から英米法化することはない。岩盤があって、その岩盤というのは国家権力なのですね。国家権力の統治政策、これが抜きがたくあって、これは日本の場合は牢固として変わらない。学者としてそれに妥協して屈伏するか。それとも、あくまで批判と抵抗を貫くか。これは選択だと思います。

人間はいろいろと複雑な生き物だから、どう生きるかは人さまざまでいいと私は思います。ただ、譲れない一線というのはある。私の場合で言えばその譲れない一線が、平和憲法であったり、人権であったり、戦後民主主義であったり、幸福追求の権利であったということです。

インタビューを終えて

インタビューを終えて頭に浮かんだのは、「節を曲げず、筋を通す」ということであった。それが小田中先生の研究活動を貫いているのみならず生き様にも骨太に貫いている、と。しかし、先生は他人に対してはその主体的判断を尊重する。もっとも、それは、他人の主張を無批判に受け入れるということではなく、その主張に十分に耳を傾け十分に理解した上で、それが正しければ賛同し、誤っていれば厳しく批判するという公正な態度をとるということである。先生はいくつかの論争においてその当事者となったが、いかに厳しい論争があっても、個人的な遺恨が残ったという話を聞かない。それは、先生の「筋を通した」公正な姿勢のなせる技だと思う。小田中ゼミの出身者の多くが「小田中ゼミ」の所属であったということを誇りをもって語るのを聞くと、先生のそうした姿勢が人を惹きつけるのだと思う。かつて、私のさる恩師が「学問は人格ですよ」と語って下さったことがあるが、その言葉の真なることを実感したインタビューでもあった。

本書の冒頭でも記述したように、そうした人間的バックボーンを含めて小田中刑事法学の軌跡を辿るのが、このインタビューの狙いであった。聞き手の拙なさの故に狙い通りのインタビューとなったかどうかは心許ない次第であり、その点は小田中先生にお詫びするほかないが、その評価は読者諸兄に委ねさせていただきたい。

川崎英明

あとがき

一　自分の生涯を振り返り、他人に語るということがこんなにも難しいものだということは、経験するまでは分からなかったというのが本音である。とくに自叙伝を執筆するのではなく、親しい学友や知人に語り、それがその他の一般の方々にも分かってもらえるということがこんなに難しい精神的作業なのか、ということが実感である。

嘘は吐かなかったつもりでも、自ずと過去を正当化し美化した嫌いがあることは、読み返ししてみて、自らに恥じることである。また、記憶違いもかなりあると思う。私は、そもそも記憶力がよい方ではない。だが、出来る限り補正したつもりである。

二　本書の題名について述べたい。

「万人のために万人に抗す」という副題は、実はロマン・ロラン（フランス文学者で小説家。『ジャン・クリストフ』『魅せられたる魂』などの作者）が小説『クレランボー』の中で書いておられるフレーズである。小説『クレランボー』は、戦争に抵抗して民衆に虐殺された詩人クレランボーの生涯を描いた小説である。ロマン・ロランはその小説でいう。

「真に人間である人は、万人のなかでもひとりでありうること、万人のためにひとりで考え――そして、必要な場合には、万人に反対して考えうることを学び知るべきである。真摯に考えるということは、たとえそれが万人に反対することであっても、やはり万人のためである。人類にとって必要なのは、人類を愛する人々は、必要な場合には、人類に反対し、叛逆するということである。あなたたちの良心や、あなたたちの知性を曲げ、人類に媚びへつらうことによって人類に奉仕するのではなく、権力の濫用に対抗して良心と知性の完璧を擁護することによって仕えるのである。けだし良心と知性は人類の声の一つだからである。」(ロマン・ロラン『クレランボー』上・下巻、宮本正晴訳、みすず書房、一九五〇年)

つまりロマン・ロランは、第一次世界大戦(一九一四~一八年)に対し、反戦、平和、反軍国主義、反盲目的愛国主義の立場に立ち、一部の社会主義者をも巻き込んでいた戦争熱で浮き足立っていた社会的風潮に対し、知識人として、時代の良心を体現し、抵抗したのである。

ロマン・ロランは、孤高の作家・知識人であったが、それと同時に世界の良心の組織者(オーガナイザー)でもあり、アンリ・バビリュス、シュテファン・ツヴァイク、ストラヴィンスキー、ロダン、ポール・クローデルと共に、戦争推進勢力、盲目的愛国心、帝国主義的勢力に対し、孤立を恐れず、「万人のために万人に抗す」の気概をもって批判し、妥協を排し、闘ったのである。

もっとも私自身は、ロマン・ロランのような峻烈な生き方をしたわけでは決してない。いってみれば、多少の批判的心情はあるにしても、他人に比べ、それも極立っているとは決して思わない。だが、あえてロマン・ロランのフレーズを本書の副題につけたのは、そういう存在でありたいとの私の願望からである。

三　省みて、私を刑事訴訟法の研究から始まり、司法制度の研究、治安法の研究、そして憲法研究、社会的事象への関心に赴かせたものは何か。このことは本書でも述べているように、第二次世界大戦で、多少の経験をした個人的な「戦争体験」だと改めて思う。

そして、戦争を防ぐ力は、人民の反戦・平和への強い意思である。この強い意思を補強し強化するものは、人民の連帯であり、運動であると考える。

私を前述の研究、関心へと赴かせたものは、このような人民の反戦・平和の意思、反戦・平和のための人民の連帯・運動に対し、若干でも研究面から貢献したいという考え方であった。そして、人民の連帯・運動を国家権力の刑事弾圧からどうやって守るかが、私を刑事訴訟法をはじめとする研究へと赴かせた「動機」であり「原点」である。

この「動機」「原点」は、私が幼少の頃から今まで持ち続けたものであり、顧みてこの点については、ブレがなかったと思う。

このようにして過ごした私の八十年余の人生について悔いはない。だが、力が足りなかったとつくづく思う。

四　それにしても、私は、良き師、良き友、良き家族に恵まれたと思う。良き師、良き友、知人、良き家族の氏名は記さないが（本書では記しているので省略する）、心からの感謝の念を捧げる。

このような方々の御指導、御援助がなければ、私の人生は、もっと貧しいものになったであろう。

五　なお、最近書いた文章から二つの文章を本書に収録することとする。これらは、多少とも現代的意義を持つものと考える。一は、「裁判にとって法解釈学は無力か――『究極の良識』か『良心』か」。二は、「『憲法改定手続』はいかなる問題を抱えているか――その違憲性を論証する」。

以上である。加えて、私的な随筆であるが、「ホルーゲルと穂積文子先生のこと」（アジアの友、二〇一六年六～七月号）を収録することとする。

大学の定年退職後の文章として、「戦争国死刑と国家、そして国家と人民」（第一号〔二〇一四年五月一日〕～これまで第七一号〔二〇一七年五月一日〕みやぎ九条の会会報に連載）があることを付け加える。

六　私が東北大学に赴任したときに、法学部のスタッフの方々が歓迎会を開いて下さった。その時に歌ったのが「高き樹」（ロシア民謡）である。その歌詞を記すこととする。

1　高き菩提樹　川辺に立ちて　歌声　はるか　流れゆく
2　昔は昔　若き日に　かりそめの恋　語り合いぬ
3　高き菩提樹　川辺に立ちて　歌声　はるか　流れゆく

この歌でうたわれている「恋」とは、「夢想」のことと置き換えれば、今の私の心境に近いのである。

七　最後に、私の極めて拙いオーラル・ヒストリーを引き出して下さった川崎英明氏、白取祐司氏、豊崎七絵氏、串崎浩氏に対し心から御礼申し上げる。

また本書がＥＲＣＪ選書の一冊として刊行されたことについて、守屋克彦氏、串崎氏、その他関係者に対し、そのご厚意につき御礼申し上げる。

なお、本書の装丁については、孫の佐藤大寿君のお世話になった。記して感謝する。

小田中聰樹

二〇一七年五月一五日

最近の論稿と年譜

東北ローレビュー二号（二〇一五年二月）

随想

裁判にとって法解釈学は無力か――「究極の良識」か「良心」か

東北大学名誉教授　小田中聰樹

一　最近、「東北ローレビュー」創刊号において、藤田宙靖氏の「法解釈学説と最高裁の判断形成」なる論考に接した。この「論考」には、私としては深い疑念を覚えるので、批判的検討を加えようと思う。

二　まず藤田氏の「論考」の核心をなすものと私なりに考えることを要約することにする。

(1)　裁判官にとって最も重要なのは、「目前に存在している具体的紛争について最も適正な解決を行う」ことである。

(2)　判決は、目前にある個別的、具体的事件の事実関係を前提として、その紛争をどう解決するのが「最も適正か」という見地からなされる。

(3)　法治主義の下、裁判官は、具体的紛争の「最も適正な解決」を目指すに当たり「法令の適用」によってこれを行うことを義務付けられる。しかし、具体的事件においてあるべき法令の解釈が何であるかは理論的に一義的に決まるものではない。

(4) 裁判官の判断形成に「決定的意味を持つ」のは、(学者の立てる) 法解釈学説でもなければ「判例」でもなく、「各裁判官の良識」である。

(5) 最高裁における判断形成は、様々な分野の代表15人がそれぞれの「良識」を持ち寄り、新たに「究極の良識」を形成し、これに基づき「当該事案に対する最も適正な解釈」を図るものである。

(6) つまり裁判というものの判断形成が「個別事件の事実に対応して一つ一つなされるもの」であり、しかもその判断基準は、当該事案につき最も適正な紛争解決の在り方であって、その具体的内容も個々の裁判官の「良識」に掛るものである。とするならば学者の立てる法解釈学説はどのような意義を持ち得るか。

(7) 法解釈学説は裁判実務に関して基本的に無力である。要するに、個別事業の全てにおいてその解決基準として通用するような「理論」を確立することは、ことの性質上不可能である。

(8) こういった障壁をクリアするために試みられているのが「事例研究」であり「判例批評」「判例評釈」「コンメンタール」である。「評釈」の類は目前の具体的事案についてどう解決するかの具体的提言であり、「コンメンタール」はとりわけ特殊法分野の新しい法令などでは立法の背景を知る上で参考となることが多い。

(9) 「評釈」の類は、必ずしも事案の「全資料」に接する機会を持たない学者が、全ての事実を十分に踏まえた判断をすることができるか否かが問題であり、「コンメンタール」の場合には立法に携わった行政官吏の書いた解説書の方がより正確な事実を伝えているという問題が生ずる。つまり、こういった問題について、下級裁判官や行政官吏よりも、学者の方が学者であるが故に正しい（或は妥当な）判断をしている保障はなく最高裁における判断形成がそのような前提に立っているということは全くない。

そうだとすれば法解釈学者の勝負の場として選択すべき場所なのか疑わしい。

(10) では法解釈学説はどこにその存在意義を持つのか。法解釈学は、もはや裁判、とりわけ最高裁における判断形成について「導きの糸」とも「マニュアルとしての機能」も果たし得ない。しかし、それは裁判官の「良識」を如何に適切な「法の言葉」で表現するかについて重要な支えを与えるものとして機能し得る。

(11) 最高裁の判断形成過程は、15人の裁判官による「究極の良識」の形成を図る過程であるが、この「良識」は「法の言葉」で語らなければならない。この意味で15人の最高裁裁判官にとって法概念や法理論について理解するということは「究極の良識」を表現するために必要な「共通言語」を弁えるということであり、「法律の素養のある」（裁判所法第41条第1項参照——小田中註）とはつまりこの「共通言語」を使えるということを意味する。

(12) 15人の裁判官の中に行政法学者がいなくとも最高裁は、行政事件について判断することが十分可能である。しかし、そこで用いられる「法の言葉」において（言語空間において）より優れた表現を学者の言説から見出すことも可能であろうし、そこに自らの（学者の——小田中註）立ち位置を十分弁えた上で言語表現能力を磨くべきであろう。また裁判官もこのような表現に接することにより、その表現の質を上げることを図るべきである。

三　「論考」の基本的骨格を再整理し約言すれば、次のようになるであろう。

(1) 裁判とは、個別的・具体的事件の紛争を「最も適正」に解決する営みである。

(2) 裁判官にとって決定的に重要なのは、「良識」である。最高裁判所も、「究極の良識」に基づき裁判する。

(3) 法解釈学は無力である。法解釈学説は、最高裁判所の判断形式の「導きの糸」でも「マニュアル」でもない。

(4) 学説は裁判官の「究極の良識」を「法の言葉」で表現する支えになる。学者は「言語表現能力」を磨くべきであり、裁判官もこのような表現に接することにより表現の質を上げることを図るべきである。

四　以上の要約に基づき、論ずべき論点を挙示すれば次の通りである。

(1) 裁判とは如何なる営みか。

(2) 裁判官にとって本質的に重要なものは何か。

(3) 法学ないし法解釈学説の存在意義は何か。

(4) 法学者の任務とは何か。

(5) 研究者と市民にとって裁判とは何か。

上記の問題設定に従い、順次、私見を述べることにする。

五

(1) 裁判とは如何なる営みか

「論考」によれば、裁判とは裁判官の「良識」ないし「究極の良識」に基づき、「適正な紛争解決」をする営みであることになる。しかし疑問がある。

第一に「究極の良識」なるものの実体は何か、つまり如何なる心の在り方を述べようとしているのか、全く不分明といわざるを得ない。「論考」は、「良識」にも「究極の良識」にも何ら説明を施すことなく、突如として持ち出し裁判ないし裁判官の本質的ファクターとするのである。「良識」にせよ「究極の良識」にせよ、それが「常識」という社会的概念なのか、多少とも法的概念の「色彩」を持った概念なのか全く不分明といわざるを得ない。

尤も「論考」には、最高裁判所裁判官がそれぞれの良識を持ち寄り（合議のことか？――小田中註）「究極の良識」を形成するとの論述はある。しかし、この論述は、「良識」「究極の良識」の形成過程を述べたものに過ぎず、裁判にとってエッセンシャルなものとされている「良識」「究極の良識」の実体の説明にも論証にも全くなっていないといわざるを得ない。

(2) そもそも右に述べたような不分明な事態が生じるのは、「論考」が裁判の本質を正しく把握していないからでないかと考える。

では、裁判の本質をどう考えるべきか。やや教科書風にいえば、裁判とは、要件事実や情状事実、つまり紛争事実を証拠に基づき正確に証明・認定し、認定された事実に実定法を正しく適用し紛争事案を正しく解決することである。

では「正確に事実を認定する」とは、どういう手続的プロセスをとるのであろうか。これまた教科書風になるが、証拠能力と証明力のある証拠に基づき、適正な手続で証拠調と弁論を行い、このような手続を経て認定された事実が「正確な事実認定」とされ、この事実に実体法が正しく適用されることである。

では、実体法が正しく適用されるとは一体如何なることか。基本的には、近代法の理念、その理念を優れて具現した日本国憲法の理念及び諸原則に沿い、訴訟当事者の権利及び諸利益と市民社会の諸利益とを総合的に考察することにより得られた法的結論を紛争解決の基準とすることである。

この結論は、「究極の良識」「良識」という曖昧な概念とは異なり、実体のある「正しさ」を備えているという点で大きな違いがあると私は考える。

(3) このような裁判官の営為にとって最も重要なのは、裁判官の「良心」である。

団藤重光元最高裁判所判事は、「裁判官は、これが客観的に正しい法実現であるとみずからの良心によって信ずるところに従い、裁判すべきである」と述べておられる(団藤重光『法学の基礎』(第2版、206頁(有斐閣、2007年)))。この言説は、裁判官の「良心」こそが裁判官の在り方にとっての重要で不可欠なファクターであることを示したものであり、本質を見事に衝いていると私は考える。

しかも、憲法第76条第3項は、「すべて裁判官は、その良心に従ひ独立してその職権を行ひ、この憲法及び法律のみに拘束される」と規定し、裁判官の「良心」（そして「独立」）こそ裁判官を裁判官たらしめるエッセンシャルなファクターであることを義務づけているのである。

では、裁判官の「良心」とは如何なるものかについて、私の考えを述べておきたい。

裁判官の「良心」とは裁判官として持つべき客観的良心なのか、それとも個人として持つ主観的良心なのか。私は、両者は相い補うものであり、相い補うことにより近代法の理念、憲法の理念・諸原則に従って主体的に裁判する力能を裁判官に与えるものと考える。

「論考」のいう「良識」「究極の良識」なるものが「良心」と同一のものか、それとも相い異なるものかは読者の判断に委ねたいと思う。

ただし、私としては、「良心」とは正しいことを求める切実で真摯で未来志向性のある内奥の声であると考える。しかし、「良識」「究極の良識」には切実さ真摯さ、未来志向性が欠けており、この点で両者は本質的に異なっているのではないかとの思いを禁じ得ない。

六　法学の存在意義

(1)　「論考」は、法学（ないし法解釈学）は、裁判あるいは裁判官にとって無力であり、法学者は「言語表現能力」を磨くべきであるという。

しかし、私は、否と答えたい。法学は、実定法の各条文に法の理念に統一的体系を付与し、その統一的体系から各条文の解釈に指針を与えるものである。

その指針とは、市民の自由、平等、人権、平和、幸福、安全を護るための解釈の指針であり、このような指針を裁判官、検察官、弁護人、そして訴訟当事者や一般市民に提示することこそ法学（者）の任務であり責任であると考える。

法学は、単に磨かれた言語表現能力を裁判官に提供するマイナーな役割しか持たないものではない。

(2) このように考えると、法学は、法の理念を提示し、このことを通じて裁判（又は裁判官）に、上述の理念に基づく裁判を行うよう慫慂・指導する本質的任務を持っているのである。その一例として、私の専門分野に関わる白鳥事件最高裁決定（1975年5月20日）を取り上げたい。

同決定は、「疑わしきは被告人の利益に」という刑事訴訟法の大理念が、通常審のみならず再審段階でも適用されるとする画期的な決定であった。この決定は、研究者の地道な研究と弁護団の粘り強い弁護活動と一般市民の献身的な救援活動なしには下され得なかったことは明らかである。そしてこの白鳥決定後、「開かずの門」といわれた再審制度が活力を取り戻し、多数の冤罪者が救済されたのである。そして白鳥決定は、学説・理論が無力でないこと、逆に優れた学説・理論こそ無実の市民を救うことに貢献する新判例を作り出す力を持つことを教えたように思う。そして多くの裁判官、検察官、弁護人、研究者、市民もこの歴史的、現実的教訓に学ぶべきである。

(3) 上に述べたような体験から、私は若き研究者に、研究者は決して無力でないこと、法（ないし法学）ニヒリズムに陥ってはならないこと、実践的かつ高度の理論的研究こそ裁判と裁判官等に強い影響力を持つこと、そして法学者の任務は法の高度の理念的研究を通じて市民の自由、平等、人権、平和、幸福、安全を擁護することであり、誇りと確信を持って研究に真摯に専念すべきであることを切望するものである。

それと共に、今、日本が戦後かつてない危機にあること、その危機とは、憲法改「正」の動きの加速化であり、集団自衛の名の下の他国との共同参戦であり、政界・ジャーナリズム・経済界を覆う右翼的傾向であり、貧富格差の異常な拡大であり、教育の権力機構化などである。

この事態にどう対処し危機を打開するか。いま研究者に求められていることは、これらの危機の根源を分析し批判する優れた法理論を構築することだと考える。このことを若き研究者に強く期待し、本稿の結びとしたい。

（二〇一四年六月二八日脱稿）

法と民主主義五一二号（二〇一六年一〇月号）

連続企画●憲法九条実現のために〈8〉

「憲法改定手続」はいかなる問題を抱えているか——その違憲性を論証する

東北大学名誉教授　小田中聰樹

一　はじめに

いわゆる「戦争法」が可決され成立した現在、現行「平和憲法」の「改定」（いわゆる「改憲」）の問題が遠からず浮上するであろう。勿論、「改憲」の本質面と実体面の批判的検討は重要である。それと同時に、「改憲手続」について、その問題点を剔り出し、検討しておくことも「改憲」の動きに対抗するためには必要であると考える。

以上の問題意識にもとづいて、「改憲手続」の問題について、若干の考察を行いたい。

二　まず最初に、憲法の「改定の限界」の問題について述べることにする

(1)　まず最初に確認すべきことは、現憲法の「基本原則」(平和主義＝戦争放棄・武力不保持―交戦権否認、自由、人権、平等権、生存権、団結権)を「改定」することは、法的、理論的に不可能であり、それらを「改定」することは曽てナチスが行ったと同じく非合法的・反憲法的なクーデターであり、権力の違法な奪取であることである。

その理由は、第一に、そもそも近・現代憲法とは、単に国家制度・構造(コンスティチューション)を構成するものであるのみならず、国民にとっては民主主義(国民主権)、自由、人権、平等、そして平和を保障する基本法である。

では具体的に「誰」が保障するかといえば、憲法制定権力＝国民を外に置いてはいない。即ち国民である。

そうだとすれば、国民が自らの民主主義(国民主権)、自由、人権、平等権、生存権、団結権を剥奪・制限する憲法「改定」を行うことは、自らの権利を放棄することであり、憲法を「自殺行為」に追いやることである。

(2)　第二に、そもそも憲法は、国家権力の淵源＝根拠を創設するが、それと同時に、国家権力の濫用や腐敗や恣意的行使から国民を護る役割を果たすものである。

そうだとすれば、この役割を憲法に奪う「改憲」は、法理的に不可能である。

(3) 第三に、現憲法前文に次のような規定がある。

「そもそも国政は、国民の厳粛な信託によるものであって、その権威は国民に由来し、その権力は国民の代表者がこれを行使し、その福利は国民がこれを享受する。これは人類普遍の原理であり、この憲法は、かかる原理に基くものである。われらは、これに反する一切の憲法、法令及び詔勅を排除する。…(略)…日本国民は、国家の名誉にかけ、全力をあげてこの崇高な理想と目的を達成することを誓ふ。」

この前文こそ、現憲法の「改定」の限界、すなわち憲法「改悪」を禁じたことを実定法上明らかにしたものである。

(4) 第四に、現憲法九六条は次のように規定している。

(イ) この憲法の改正は、各議院の総議員の三分の二以上の賛成で、国会が、これを発議し、国民に提案してその承認を経なければならない。この承認には、特別の国民投票又は国会の定める選挙の際行はれる投票において、その過半数の賛成を必要とする。

(ロ) 憲法改正について前項の承認を経たときは、天皇は、国民の名で、この憲法(筆者注―現憲法)と一体を成すものとして、直ちにこれを公布する。

(ハ) 右の条文で重要なのは、「この憲法と一体をなすもの」として公布するという条項である。この「一体をなすもの」条項の持つ意味は、現憲法の「基本原則」を変更することを認めないことを表明しているものと解すべきである。

つまりこの憲法(現憲法)の「一体」をなすものという条文の持つ意味は、現憲法の原理・原則と正に「一体」「同化した」「改定」条項のみを認めるという意味であり、憲法「改定」に限界があることの実定法上の根拠を示したものである。

三　次に誰によって憲法「改定」の発議が行われるかについて検討する

現憲法九六条は、各議員の総議員の三分の二以上の賛成で「国会が発議し…」と定めている。他方、国会法第六章の二が発議の規定を定めている。ここでいう発議の規定とは次のようなものである。

「六八条の二　議員が…改正案…の原案…を発議するには…衆議院においては議員百人以上、参議院においては議員五〇人以上の賛成を要する。」

小沢隆一教授の御教示によれば、国会法六八条の二の「発議」は、国会内手続きとしての「改定案の原案」の発議であり、しかも憲法審査会の決議により憲法審査会会長も「原案」の発議権を握っており（憲法審査会の委員は衆院五〇名、参院四五名）、このルートを使えば「一〇〇人、五〇人」より少ない賛成で「原案」が作られ「発議」されることになる、というのである。しかも憲法審査会の委員は、「各会派の所属議員数の比率により、各会派に割り当てられる」のである（小沢隆一「憲法改正手続法の施行と憲法審査会の始動をめぐって」『納税者の権利論の課題』勁草書房、二〇一二年五月）。

この「発議」手続き自体は、国会の多数派優位を助長する奇妙で奇怪なものである。

四　「発議」に当たり「内容に関連する事項ごとに区分」することについて検討する

(1)　国会法六八条の三によれば、「原案」の「発議」に当たっては、「内容において関連する事項ごとに区分して行うものとする」とされている。

①　問題は、改正の「内容」と「関連性」をいかなる「基準」で、いかに「区分」するかである。「内容」といい、「関連性」といい、「基準」が明確にされない限り、それ自体は曖昧で多義的なものである。

その結果として、例えば（仮に）、「平和に関する章」立てがなされた場合、平和の美名の下にいわゆる「積極的平和主義」（実は戦争体制構築）のために活動（戦闘）する「自衛隊容認」の規定や、「自衛隊の軍隊化容認」の規定が挿入される危険性が大である。

②　或は国家存亡の危機が生じたと権力が考えるときには、さらに「自由権、人権、平等権、団結権」の各条文ごとに、例えば「公共の利益のためには制限できる」という規定をもぐり込ませ、これらの人権を剥奪し空洞化する危険性がある。

(2)　いや、「改憲」の暁には、この危険が現実のものとなることは火をみるより明らかである。

五　国民投票法の方法について検討する

(1)　投票の方法について一項目毎に○×をつけるのか、それとも条文毎に○×をつけるのか。国会法六八条の三は、項目毎としている。そして項目は、各議院に設置された憲法審査会が決めるとしている。

とすると、果たして民意が項目に正確に分類され、民意に沿うようなものになるかは疑問である。分類如何では民意が寸断され、その結果、民意を反映しないものとなる危険があるからである。

(2)　投票の有効・無効を誰が、どのようにして判断するかにも問題がある。

例えば、現憲法擁護の視点から項目分類に違和感を抱く人が項目とは異なる視点から、項目に従わず○×を独自のやり方でつけた場合、恐らく有効票としては扱われないだろう。

しかし本当にそれでよいのか。少なくとも異議申し立て権限が国民に付与されるべきである。そして、有効、無効の判断に当たっては、現憲法の趣旨に則り「疑わしきは現行憲法の利益に」の原則の適用を原則的に認めるべきである。

(3)　その他にも様々な問題がある。

①　可否同数となった場合、また僅差となった場合、どうすべきか。

これらの場合にも「疑わしきは現憲法の利益に」の原則を適用すべきである。

②　国民投票に関する運動を規制すべきか。「日本国憲法の改正手続法」一〇〇条及び一〇〇

条の二の規制は強過ぎるのではないか。

一例を挙げれば、「日本国憲法の改正手続に関する法律」一〇九条に定める「物品」「財産上の利益」「公私の職務」は、それ自体は無限定的な概念である。従って、「改憲」に対し批判・反対する「パンフレット」「書籍」「ブックレット」「DVD」なども「物品」に含まれる危険がある。もっとも同法一〇〇条には「表現の自由を不当に侵害しないよう留意しなければならない」との規定がある。しかし同旨の規定が軽犯罪法四条にもあるが、殆ど空文であることは現実の幾多の事例の示すところである。

③ 憲法擁護義務を負う各大臣、総理大臣の憲法「改定」運動は、規制すべきである。

④ 最後に投票率の問題について触れる。現行法制は最低投票率の問題を完全に無視している。その結果として生じる事態は何か。投票率が四割でもその過半数、つまり二割強の賛成があれば、改定できるという奇妙なことになるのである。

この一事をもってしても現行国民投票法制は、違憲というべきである。

六　最後に

現行制度が、民意を反映する構造的仕組みになっていないことは明らかである。今からでも遅いということはない。民意を正確に反映する国民投票制度に根本的に改正すべきであると考える。

アジアの友五二一号（二〇一六年六～七月号）

ホルーゲルと穂積文子先生のこと

東北大学名誉教授　小田中聰樹

我が家に似つかわしくないホルーゲルのピアノが一台ある。娘の家にもホルーゲルのアップライト型とグランドピアノの二台ある。これらのピアノは、小野ピアノ（横浜市）から買ったものである。ドイツの樫の木と象牙のキイとでつくられているピアノである。その音色はまろやか、弾き手によっては感情を伝える素晴らしいピアノである。

このピアノを購入したのは、穂積文子先生のお勧めによるものであった。同じホルーゲルのグランドピアノがかつての新星学寮にもあり、文子先生が弾かれると、あるときはまるで小犬がじゃれつくような軽快な音となり、またあるときは重厚な音となった。

私は、1956年穂積五一先生が主宰される新星学寮に入寮した。そのとき、新星学寮の別室から、毎日のように、シューマンの「パピオン」が聞こえてきた。その「パピオン」は、ときにはやさしい音色、ときには重々しい音色を出していた。やさしい音色を出されていたのは、おそらく文子先生であり、重々しい音色を奏でられていたのは、穂積明子様だったのではないかと推測しながら聞きほれた。どちらの音色も私は好きだった。ホルーゲルというピアノは、弾き手の感情を反映するピアノだと私は思った。

文子先生は、原智恵子という天才的で有名なピアニストと比肩する天才的ピアニストであられた。ドイツから来日された指揮者ローゼンシュトック氏に才能を認められ、その指揮の下、度々演奏会をされた方であることを後で知り、びっくりすると同時に成程と思った。だからこそあの美しく軽快な素晴らしい音色が出るのだ、と。

文子先生は、感情が平静で穏やかで愛らしい面と、情熱的で激情的な面との両面を持っておられた方だったと思う。ホルーゲルは、文子先生の両面を映し出すピアノであったと思う。

文子先生は、新星学寮の寮生には、いつでも明るく優しく、わけへだてなく接して下さった。そして明子さんという才媛のお嬢様と、一成さんという感情豊かで優秀な御子息に恵まれ、そして何より穂積五一先生という比類のない御主人にも恵まれ、たとえピアニストとしては華々しい成功を収められなくても、お幸せだったと思う。

私が新星学寮に入寮したのは大学三年生のときだった。穂積五一という先生が、戦前の右翼団体「七生社」の中心的人物であることは知っていたが、行く先がなく新星学寮に入寮した。ところが、入寮してみると、毎日のように「パピオン」の流れる寮であり、穂積先生は右翼めいたところの全くない方であり、それどころかアジアに対する戦争責任を我がことのように背負っておられる方であることが分かってきたのである。

私にとっては、穂積先生、文子先生のような存在がおられるとは、それ迄は夢にも思わなかった。しかし、実際に眼の前にそういう方がおられたのである。私は、一種のカルチャーショックを受けた。人生にはマルキシズムでは解明できない生き方があるとつくづく思った。

そして穂積先生は、アジア文化会館を創設され、留学生から慈父と慕われた。その生き方は、感動的という言葉では表現できない、峻烈な生き方をされたのである。

文子先生は、峻烈な生き方をされた穂積先生を支えられ、幸せな生涯を全うされた、と私は思いたい。ピアニストとしての華々しい人生を投げ捨て穂積五一先生と新星学寮を支えられた文子先生の九十三年の生涯は、充実した幸せな人生であったとあの世で思われているような気がするのである。人生は、選択の連続である。文子先生は、最良の人生の選択をされて、あの世に旅立たれたと私は思う。

私が新星学寮で学んだことは何か。

第一に、穂積五一先生という「思想家」を知ったことである。その「思想」は、「マルキシズム」とは違い、「アジア主義」ともいうべき「思想」であった。

第二に、文子先生という芸術家を超えた存在がこの世におられることを知ったことである。

第三に、音楽という不思議な芸術がそれを聴いた人の心に一生涯消えることはないということを学んだことである。

第四に、穂積五一先生、文子先生、明子様、一成さん、ホルーゲル、音楽が一体となって私の心から、そして新星学寮の寮生だった方々の心から消えることはないであろうことである。

先日、文子先生の弾いておられたホルーゲルが、リニューアルされて、アジア文化会館に寄贈されたとのこと。文子先生の弾いておられた素晴らしいグランドピアノは、これからもアジアの留学生の心を癒していくことであろう。

想えば、新星学寮は、懐かしくも厳しい寮であった。青春の一時期、多くのことを学んだ寮であった。（了）

小田中聰樹年譜（作成者・長女　多賀野千鶴氏）

年	月日	年齢	年譜
一九三五年	七月二〇日		岩手県盛岡市上田で生まれる（父母26歳）、当時の本籍・岩手県紫波郡志和村大字稲藤、通称・高屋敷
		3歳頃	赤痢で死にかけたが、父の輸血で助かる
一九三九年	一二月	4歳頃	東京に引っ越す（江戸川区小岩町）
一九四〇年		5歳	つぼみ幼稚園に入園（戦争が始まる）
一九四二年		6歳	西小岩國民学校に入学
一九四三年	三月	7歳	盛岡に帰る（城南國民学校二年生）
一九四四年		8歳	「父（章一おじいちゃん）」が出征、一年後に病気のため生還
一九四五年		9歳	「母（としおばあちゃん）」の実家（水分村の村松家＝島廻り）に疎開し、不動國民学校に転校
	八月一五日	10歳	敗戦…隣の家のラジオで天皇の声を聞く
一九四六年		11歳	城南小学校に戻る…三船千代先生、君成田七三先生と出会う
一九四八年	四月	12歳	盛岡市立下小路中学校に入学…音楽部に入る（を作る）、弁論部にも所属、日本国憲法と出会う（【あたらしい憲法のはなし】）
一九五〇年		15歳	中学三年生の時に生徒会長になる
一九五一年	四月		岩手県立盛岡第一高等学校に（一番で?!）入学…生徒会、社研部、弁論部、合唱部に入る
一九五二年		16歳	盛岡に新築の家が建つ…盛岡市加賀野中道に引っ越し、県下高校討論会、市内弁論大会などで優勝（!!）

一九五四年	四月	18歳	東京大学教養学部文科Ｉ類に入学、三鷹寮（半年）と駒場寮（ソビエト研究会）（一年半）で暮らす
一九五五年	四月	20歳	東京大学経済学部に進学…安藤良雄先生のゼミに入る、新星学寮（文京区森川町本郷郵便局裏）に入寮…穂積五一・文子ご夫妻と出会う
一九五八年	三月二八日	22歳	東京大学を卒業
	四月		東京・有楽町の全国販売農業協同組合連合会（全販連）に就職（受渡二課）
一九六〇年		24歳	六〇年安保闘争（全販連労働組合支部書記）
一九六一年	四月	25歳	東京大学法学部に学士入学（一年間）
一九六二年		26歳	東京大学大学院に入学…刑事訴訟法専攻、団藤重光先生・平野龍一先生に師事
	四月七日		司法試験に合格
	一〇月二〇日	27歳	神田の学士会館で「工藤圭子さん」（圭子おばあちゃん）と結婚式‼ 仲人は安藤良雄・妙子ご夫妻
一九六四年	三月三〇日	28歳	法学修士論文「ドイツ刑事手続の構造」
	四月		第一八期司法修習生
一九六五年		29歳	第一八期司法修習生青年法律家協会議長になる
一九六六年		30歳	東京都立大学法学部講師になる
		31歳	東京都立大学法学部助教授になる、相模原市の相模台団地に引っ越す
一九六九年		33歳	上智大学、日本大学で非常勤講師（～一九七六年三月まで）
一九七〇年		34歳	日本刑法学会賞をもらう（「大正刑事訴訟法の歴史的意義（一）～（四）」）
一九七二年		37歳	青法協議長になる（二年間）～青法協攻撃と対峙‼
一九七三年	一月	38歳	【現代司法の構造と思想】出版
一九七四年		39歳	再審制度研究会結成（現在も存続）

一九七五年		40歳	【刑法改正入門】出版
一九七六年			東北大学法学部助教授になる、盛岡に引っ越す（盛岡市加賀野）
		41歳	【刑事訴訟法の歴史的分析】出版・団藤先生と平野先生に捧げる
一九七七年			東北大学法学部教授になる、仙台市三条町の東北大学宿舎に引っ越す、
			【現代刑事訴訟法論】出版・父母に献呈、日本刑法学会理事となる
一九七八年		42歳	法学博士号を授与される
		43歳	民科法律部会・法社会学会理事となる
一九七九年	一二月一五日	44歳	「としおばあちゃん」死去（71歳）
一九八一年	一二月	45歳	【続・現代司法の構造と思想】出版・亡き母に捧ぐ
一九八二年		46歳	宮城教育大学非常勤講師
	五月	47歳	【治安政策と法の展開過程】出版・安藤先生に捧ぐ
一九八三年		48歳	【刑事訴訟と人権の理論】出版
			鷺ヶ森の家を買う（仙台市鷺ヶ森）
一九八四年			西ドイツのボン大学に留学…同大学のグリュンバルト教授にお世話になる
		49歳	アメリカのバークレーに移る
一九八五年	五月六日		安藤良雄先生御逝去
	四月	50歳	「章一おじいちゃん」と同居をはじめる
一九八六年		51歳	【刑事訴訟法の史的構造】出版・沼田稲次郎先生に捧ぐ
一九八七年	一二月	52歳	【ゼミナール刑事訴訟法・上】出版
一九八八年	二月		【ゼミナール刑事訴訟法・下】出版
		53歳	下小路中学校同窓会長になる（三年間）
一九九〇年		54歳	東北大学法学部長になる（二年間）

一九九一年	一月二六日	55歳	「章一おじいちゃん」死去（81歳）
一九九三年		57歳	東北大学生協理事長（四年間）になる、【冤罪はこうして作られる】出版・亡き父に捧ぐ
一九九五年		60歳	還暦、【日本の裁判】（共著）出版、【現代司法と刑事訴訟の改革課題】出版
一九九六年		61歳	民科法律部会理事長になる（六年間）
一九九八年		63歳	圭子おばあちゃんの還暦を祝う…サン・マロにおいて
一九九九年			【人身の自由の存在構造】出版、【五十年振りの手紙】出版
			東北大学定年退官、専修大学法学部教授になる
二〇〇一年	三月	65歳	【司法改革の思想と論理】出版・君成田七三先生に捧ぐ
		66歳	父一三回忌、母二三回忌
二〇〇二年		67歳	民科理事長退任、肩の荷下りる
二〇〇三年	六月二七日		（アメリカのイラク攻撃始まる）
二〇〇四年	七月一六日	68歳	平野龍一先生御逝去
	一一月	69歳	【希望としての憲法】出版
二〇〇五年			祝！ 古稀！ パレス松洲（松島）にて古稀を祝う会
	三月一三日		九条科学者の会発起人となる
	六月一八日		平野先生追悼シンポジウム
	九月二一日	70歳	布川事件再審開始決定（傍聴）
	一一月二一日		裁判制度研究会三〇周年記念コンパ（水戸）
	一二月八日		みやぎ九条の会準備会発足
	一二月九日		立川ビラ撒き事件逆転無罪
	一二月二〇日		専修大学にて最後の授業

	一二月二四日		東京刑事法研究会最後の出席
二〇〇六年	一月一〇日		最終講義
	三月一二日		「全国九条科学者の会」講演
	三月三一日		専修大学定年退職
	四月		【法と権力】出版
	八月一四日	71歳	父一七回忌、母二七回忌
	八月二八日		葛飾ビラ撒き事件無罪！
	一〇月二五日		吉川経夫先生お別れ会（弔辞読む）
	一一月九日		横浜事件控訴審第一回公判傍聴
	一一月二五日		清水誠先生六〇周年記念講演
	一〇月		座談会「横浜事件第一審免訴判決をどうみるか——理論的検討と控訴審への期待」（白取、川崎、小田中、法律時報一一月号）
	一二月		ブックレット「裁判員裁判でえん罪はなくなるのでしょうか」（日本国民救援会）
	一二月二六日		名張毒ぶどう酒事件再審逆転決定
	一二月		【刑事訴訟法の変動と憲法的思考】出版
	九月		「希望としての憲法——私たちは少数派ではない」（みやぎ憲法ブックレット一号）
二〇〇七年	二月		「改憲——七つの疑問」（みやぎ憲法ブックレット二号、共著）
	二月二四日		渡辺洋三先生を語る会（学士会館）
二〇〇八年	二月一七日	72歳	君成田七三先生御逝去（98歳）
	二月一九日		君成田先生通夜、葬儀（弔辞読む）

	二月		論文「横浜事件再審上告審への法律的意見書」（法律時報三月号）
	三月一四日		横浜事件上告審、最高裁決定
	六月		【裁判員制度を批判する】出版
	一〇月二三日	73歳	ジュリスト座談会（これが最後かと）
	一一月一六日		松井康浩弁護士を偲ぶ会・弔電打つ「一筋の道から残したもの」
	一二月		座談会「刑事訴訟法と刑事訴訟法学の60年」（松尾浩也、鈴木茂嗣、三井誠、小田中、ジュリスト一三七〇号）
	一二月二七日		法律家三団体シンポジウム参加・報告「裁判員制度について」（四谷・プラザF）（坂本修、松井繁明、小田中）↓反対するが備える
	一二月九日		団藤先生入信の由（トマス・アクィナス）
二〇〇九年	一二月一四日	74歳	（布川事件再審開始）
二〇一二年	六月二五日	76歳	団藤重光先生御逝去（午前五時四八分）
	六月二九日		団藤先生葬儀（四谷・聖イグナチオ教会）
	一〇月二四日	77歳	竹澤哲夫先生の追悼文「竹澤哲夫先生を悼む」書く
二〇一三年	二月		随想「代読裁判についての私的感想」（川崎和代編）
	七月	78歳	書評「『司法改革の挫折』とその『再改革』の必要性――『司法崩壊の危機』の書評を兼ねて」（法と民主主義七月号）
	八月一五日		叙勲の手紙くる
	八月一六日		叙勲の断りの手紙出す
	八月		「清水誠先生に憶うこと」広渡清吾・浅倉むつ子・今村与一編【日本社会と市民法学――清水誠先生追悼論集】所収）
	一一月二九日		書評「砂川事件と田中最高裁長官」（赤旗）

	一二月		特別寄稿「最近の憲法改悪の動きと国家秘密法——刑事司法改悪との絡まり」（法と民主主義一二月号）
二〇一四年	一月二四日		仙台弁護士会講演「特定秘密保護法と刑事司法改革」（草場裕之弁護士企画）
	二月二四日		広中俊雄先生御逝去につき、佐藤岩夫君より連絡あり
	二月二八日		広中家弔問
	三月一日		広中先生お通夜（弔辞読む）
	三月二日		広中先生告別式
	三月二一日		特論時論「権力の右翼化——市民運動で歯止めを」（河北新報）
	三月		【国防保安法の歴史的考察と特定秘密保護法の現代的意義】出版
	五月		巻頭言「代読裁判と私」（川崎和代・井上英夫編著【『代読裁判』——声をなくした議員の闘い】所収）
	六月二七日		小田成光先生御逝去
	七月	79歳	特別寄稿「広中俊雄先生を偲ぶ」（法律時報年七月号、共著）
	七月		清水誠先生のこと（追悼文）
	八月二八日		朝日新聞記者来宅（父・章一と小池保氏との関係について）
	九月五日		阿部泰雄弁護士来宅（筋弛緩剤事件について）
	九月		「刑事訴訟法『改悪』の現代的位相」（川崎英明・三島聡編著【刑事司法改革とは何か——法制審議会特別部会「要綱」の批判的検討】所収）
	一〇月		書評「矢沢昇治編『再審と科学鑑定——鑑定で「不可知論」は克服できる』」（自由と正義一〇月号）
	一〇月一日		談話「ストレス障害訴訟　裁判員制度は『合憲』思想や良心を無視」（河北新報）

	一一月一五日	バラライカに行く（小森陽一氏講演会打ち上げコンパ）
	一一月一八日	（安倍首相、衆議院解散を表明）
	一二月四日	【国防保安法の歴史的考察と特定秘密保護法の現代的意義】を若き研究者に贈与
	一二月一四日	（衆院選挙→自民党大勝）（共産党も伸びる）
	一月	特集Ⅰ「戦後日本の民主主義の底力」（法と民主主義四九五号）
二〇一五年	一月二六日	奥平康弘先生御逝去
	三月三日	奥平先生お別れ会（弔電のみ打つ）
	三月八日	広中先生を偲ぶ会（東京）、夫人に手紙出す（会場で読み上げられた由）
	三月	随想「裁判にとって法解釈学は無力か」（東北ローレビュー一二号）
	三月一七日	鷲野忠雄先生の【検証・司法の危機——一九六九～七二】届く
	三月二三日	日本刑法学会退会届提出

小田中聴樹両親年譜

小田中章一

年月日	年齢	年譜
一九〇九（明治四二）年四月二〇日	0歳	誕生（弘前市）
一九一四（大正三）年七月	5歳	父（喜代治）死去
一九一四（大正三）年一一月	5歳	母（ツネ）死去、弥勒寺家（志和村）に引き取られる
一九一五（大正四）年四月	6歳	上平沢小学校入学
一九二一（大正一〇）年三月	11歳	二度目の卒業

小田中（村松）とし

年月日	年齢	年譜
一九〇八（明治四一）年一二月八日	0歳	誕生（盛岡・馬場小路）父十次郎（昭和一三年三月二六日死去）母リメ（昭和二二年四月三日死去）
一九一三（大正二）年五月	4歳	水分村に住む
一九一四（大正三）年四月	5歳	不動小学校入学
一九二〇（大正九）年三月	11歳	同校卒業
一九二〇（大正九）年四月	11歳	岩手県女子師範学校入学

一九二一（大正一〇）年四月	12歳	盛岡中学校入学
一九二七（昭和二）年三月	17歳	同校卒業↓代用教員
一九三一（昭和六）年三月	21歳	福島高等商業学校卒業
一九三二（昭和七）年四月二日	22歳	結婚
一九三二（昭和七）年一一月	23歳	岩手県購買販売組合連合会に勤務
一九三三（昭和八）年一月八日	24歳	姉・章子出生
一九三五（昭和一〇）年七月二〇日	26歳	聰樹出生
一九三九（昭和一四）年一二月	30歳	全国米穀販購買連合会（東京）に勤務
一九四三（昭和一八）年三月	33歳	岩手県信用販売購買利用連↓農業会
一九四三（昭和一八）年七月三日	34歳	弟・耿二出生
一九四四（昭和一九）年四月	35歳	出征（中国・北支に）

一九二七（昭和二）年三月三一日	18歳	不動小学校訓導（助教諭）に
一九三二（昭和七）年三月三一日	23歳	退職
一九三二（昭和七）年四月二日	23歳	結婚（上田に住む）
一九三三（昭和八）年一月八日	25歳	姉・章子出生
一九三五（昭和一〇）年七月二〇日	26歳	聰樹出生
一九三九（昭和一四）年一二月	31歳	東京市江戸川区小岩町に住む
一九四三（昭和一八）年三月	34歳	盛岡・上田小路に住む
一九四三（昭和一八）年七月三日		弟・耿二出生

一九四五（昭和二〇）年四月	36歳	帰還し除隊（病気）、農業会へ復帰
一九四五（昭和二〇）年七月	36歳	水分村に住む（一年間）
一九四六（昭和二一）年八月	37歳	盛岡市境田川原に住む
一九四七（昭和二二）年	38歳	（いろいろあり）日産物産勤務など
一九五五（昭和三〇）年一一月	46歳	釜石市役所企画室長・商工課長など
一九六七（昭和四二）年三月	57歳	定年退職
一九八五（昭和六〇）年四月	76歳	仙台にて同居
一九九一（平成三）年一月二六日	81歳	死去

一九四五（昭和二〇）年七月	36歳	水分村に住む（一年間）
一九四六（昭和二一）年八月	37歳	盛岡市境田川原に住む
一九七九（昭和五四）年二月八日	71歳	71歳の誕生日
一九七九（昭和五四）年二月一五日	71歳	死去

ＥＲＣＪ選書発刊の辞

ＥＲＣＪ選書は、わが国の刑事司法や少年司法の時宜的なテーマに関する研究や、これらの分野に関わってこられた実務家、研究者及び市民の方々のドキュメンタリーを、ハンディな読み物として、読者に提示しようという目的で企画された。

刑事事件の捜査、裁判及び少年審判は、国家の統治作用の核心を占める権力作用である。わが国においても、成文法に基づいて、捜査、裁判あるいは審判とその執行にあたる矯正あるいは保護の分野に及ぶ膨大な機構が形作られ、公共の福祉の維持と個人の基本的人権の保障とを全うしながら事案の真相を明らかにし、刑罰法令を適正かつ迅速に適用実現（刑事訴訟法一条）し、また、非行のある少年に対して、健全な育成を期して、性格の矯正及び環境の調整に関する保護処分を行う（少年法一条）という理念に基づいて、運用がなされている。

このような法の運用は、かつては、警察官、検察官あるいは裁判官など、法律の専門家や国家公務員などの専門領域と認識され、国民の側からの批判や提言も行き届かなかったという印象がある。しかし、近年、裁判員制度の発足もあって、国民主権という視点からの見直しの雰囲気も生じてきた。例えば、冤罪の原因となる取調べの在り方や裁判の運営に対する批判的検討、選挙年齢の引き下げに関連して一八歳以上の者の犯罪に対する少年法の適用の有無、さらには裁判員裁判による死刑選択の当否など、刑事裁判や少年審判を取り巻く重要な論点について、広く議論が行われるようになってきたように思う。

このような状況を考えるとき、刑事法・少年法の領域を目指そうとする若い学徒の方々や裁判員になる可能性を持つ市民の人々に対して、その時々のテーマに関する研究の紹介をしたり、これらの分野に関わってきた実務家、研究者、さらには市民の方々の生きた姿をドキュメンタリーとして提示したりすることは、必要であり、また意義のあることであるように思う。たとえハンデイなものであるにしても、問題の核心を的確に捉える内容であり、また共感を呼ぶドキュメンタリーであれば、そこで得られた問題関心が、必ずや、将来に向かって、この国の刑事司法及び少年司法を取り巻く文化の内容を豊かにしていくことにつながるであろうと考えるからである。

NPO法人ERCJ（正式名称は、特定非営利活動法人 刑事司法及び少年司法に関する教育・学術研究推進センター）は、二〇一三年六月二〇日、東京都から設立認可を受けた。ささやかながら、日本の刑事司法及び少年司法のレベルアップを目指して、法人自体で研究・出版等を行うほか、優れた研究業績の顕彰、出版助成、各種研究会・講演会等の企画援助などを行ってきた。

今回の企画は、そのような事業の一環として考えられたものである。今後も、手軽に読めて、内実が豊かであるような書物を送り出したいと願っているので、読者のご支援をお願いする次第である。

二〇一六年八月一五日

特定非営利活動法人 刑事司法及び少年司法に関する教育・学術研究推進センター

特定非営利活動法人（NPO法人）

刑事司法及び少年司法に関する教育・学術研究推進センター

Education and Research Center for Criminal Justice and Juvenile Justice

略称：刑事・少年司法研究センター（ERCJ）

入会のお願い

本NPO法人は、刑事司法と少年司法が適正かつ健全に運営されるためには、学術的にも、実務的にも、長期的な展望と広い視野に基づいた研究や提言が必要な時代が到来しているということを踏まえて、刑事司法および少年司法に関わる教育と学術研究の振興を目的として設立されました（2013年6月20日認証）。

本NPO法人は、以下のような取り組みを行います。

(1) 研究会活動：刑事司法、少年司法に関する研究会を定期的に行う。
(2) 啓蒙活動　：具体的なテーマ（たとえば、裁判員裁判）での講演活動を行う。
(3) 顕彰活動　：優れた研究、研究成果や教育成果に対して、顕彰する活動を行う。
(4) 広報活動　：ＨＰや広報紙などを通じての広報活動を行う。　など

ぜひ、本NPO法人の設立趣旨と活動内容にご賛同いただき、会員になっていただくようお願いいたします。
※なお、入会金、会費は下記口座にお振り込みいただき、下記申込書をFAXにてお送りください。

【入会申込書】

□ 正会員になります。

正会員	入会金1,000円・年会費2,000円	（計　3,000円）
団体正会員	入会金1,000円・年会費2,000円	（計　3,000円）

□ 賛助会員になります。

賛助会員	入会金1,000円・年会費2,000円	（計　3,000円）
団体賛助会員	入会金5,000円・年会費30,000円	（計 35,000円）

□ 寄付をします。　　（　　　　円）

■ご住所　〒

■お名前（フリガナ）

■連絡先　（　　　）　　■メール

■ご職業

■銀行口座■ みずほ銀行
大塚支店（店番号：193）
口座番号：普通　2225049
口座名義：特定非営利活動法人
刑事司法及び少年司法に関する
教育・学術研究推進センター

FAX：03-6744-0354

刑事司法及び少年司法に関する
教育・学術研究推進センター
http://www.ercj.org/
Education and Research Center for Criminal Justice and Juvenile Justice
170-8474 東京都豊島区南大塚3-12-4
(株)日本評論社内
TEL：03-6744-0353（FAX：0354）
Mail：ercj@ercj.org

【小田中聰樹（おだなか・としき）経歴】
1935 年盛岡生まれ。1958 年東京大学経済学部卒業。1964 年東京大学大学院法学政治学研究科修士課程修了。1966 年第 18 期司法研修所修了。東京都立大学（1966 ～ 76 年）、東北大学（1976 ～ 99 年）、専修大学（1999 ～ 2006 年）にて研究・教育に携わる。法学博士（東京大学）。東北大学名誉教授。

【川崎英明（かわさき・ひであき）——インタビュアー】
関西学院大学教授

【白取祐司（しらとり・ゆうじ）——インタビュアー】
神奈川大学教授、北海道大学名誉教授

【豊崎七絵（とよさき・ななえ）——インタビュアー】
九州大学教授

■ERCJ選書3■

気概《きがい》——万人《ばんにん》のために万人《ばんにん》に抗《こう》す

二〇一八年一月二〇日　第一版第一刷発行

著　者——小田中聰樹、インタビュアー　川崎英明　白取祐司　豊崎七絵

発行者——特定非営利活動法人
刑事司法及び少年司法に関する教育・学術研究推進センター

発売所——株式会社　日本評論社
〒一七〇—八四七四　東京都豊島区南大塚三—一二—四
電話：〇三（三九八七）八六二一
https://www.nippyo.co.jp/

印刷・製本——倉敷印刷　株式会社

装　幀——百駱駝工房

DTP——ギンゾウ工房

ERCJ

検印省略　©2018　T.Odanaka

ISBN978-4-535-52347-0　Printed in Japan

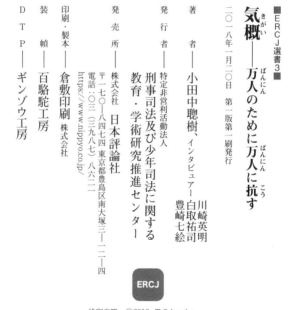